ßfurth

Baoen &ln

altz koff . G Dorff Staßfurth : I Hecklingen .
räbenbruch . H zwo Eifsgruben .   Casp. Merian fecit

Franz Kowolk

Franz Kowolik

Das alte Staßfurt

Eine mitteldeutsche Industriestadt
in alten und seltenen Bildern

dr. ziethen verlag
oschersleben

Dem Andenken
meiner lieben Mutter
gewidmet.

Die Deutsche Bibliothek - CIP-Einheitsaufnahme

Das alte Staßfurt: eine Stadt in alten und seltenen Bildern/
Franz Kowolik. - Oschersleben: Ziethen, 1992
  ISBN 3-928701-06-4
NE: Kowolik Franz

© DR. ZIETHEN VERLAG O-3230 Oschersleben
Friedrichstraße 15a

Satz und Layout: DR. ZIETHEN VERLAG
Druck: HALBERSTÄDTER DRUCKHAUS
Litho: LITHO & SCAN MAGDEBURG
ISBN: 3-928703-06-4
Gedruckt auf garantiert chlorfrei gebleichtem Papier.

Inhaltsverzeichnis

Was dieses Buch sein möchte - und was es nicht sein kann ...

Die Veröffentlichung möchte in erster Linie anhand von ca. 250 zum Teil selten gewordenen Bildern wichtige Persönlichkeiten und Örtlichkeiten unserer Heimatstadt vorstellen. In der Bildauswahl werden neben der Staßfurter Stadtgeschichte die vielfältigen Bezüge zur Geschichte des Heiligen Römischen Reiches Deutscher Nation und Brandenburg Preußens berücksichtigt. Auch der Weltgeschichte hat unser Raum - z.B. in der Reformations- und Napoleonischen Zeit - seinen Tribut gezollt.

Der Begleittext erhebt keinen Anspruch auf Vollständigkeit eines historischen Überblicks in chronologischer Ordnung, sondern setzt nur Streiflichter. Wichtige Quellen für den Überblick sind die Geißsche Chronik und die Arbeit über die Staßfurter Saline von H. Freydank. Hier gibt es nichts Besseres, und spätere Autoren werden sich immer auf diese "Standardwerke" stützen.

Daneben haben aber Heimatforscher zu manchen Teilfragen Wichtiges ausgesagt. Der Verfasser selbst spricht einiges aus, was vorher nicht so deutlich gemacht wurde: Die teilweise verwickelten Verhältnisse zwischen geistlicher und weltlicher Herrschaft im Hochstift Halberstadt und Erzstift Magdeburg oder die Deutung des Beitritts der Staßfurter Salinenarbeiter zum Aschersleber Franziskanerkonvent. Diese Begebenheit ist bis in die Gegenwart mißdeutet worden. Außerdem hat sich der Verfasser anläßlich einer Staatsexamensarbeit ausführlich mit der Staßfurter chemischen Industrie auseinandergesetzt. Davon ist einiges bisher noch nicht an die Öffentlichkeit gelangt. Allerdings kann in diesem Rahmen nur eine allgemeine Darstellung erfolgen; ein Eingehen auf spezielle chemische Verfahren mit den Mitteln der Fachsprache usw. erübrigt sich natürlich. Was bei dem über 100jährigen Ansässigsein meiner Familie in Staßfurt sich an Familientraditionen herausgebildet hat, ist gelegentlich auch in die Ausführungen eingeflossen.

Die drei ehrenamtlichen Stadtarchivare und Heimatforscher - Hans Rieger, Franz Müller und Karl Jahr - seien als wichtige Bezugspersonen für mich ausdrücklich genannt und gewürdigt.

Franz Kowolk

Einführung
und erste urkundliche Erwähnung

Wer heute nach Staßfurt kommt, begibt sich scheinbar in eine geschichtslose Stadt, die sich kaum von den üblichen mitteldeutschen Industriestädten unterscheidet. Dabei hat diese Stadt eine durchaus bunte und bewegte Geschichte hinter sich. In einem alten Städtelexikon wird Staßfurt in einem Atemzug mit Hamburg genannt. Es heißt da - ob mit Berechtigung oder nicht ist sicher eine andere Frage -, daß der Staßfurter Magistrat größere Einkünfte hätte als der von Hamburg! Immerhin macht diese Bemerkung deutlich, daß Staßfurt im Mittelalter und am Anfang der Neuzeit durch seine Salzgewinnung im Salinenbetrieb weithin bekannt war So existiert auch in der "Topographie von Niedersachsen" des Martin Zeiller ein Kupferstich der Stadt Staßfurt von Caspar Merian (Frankfurt 1653), der ebenfalls die Bedeutung des Ortes unterstreicht. Schließlich sei, um den Bekanntheitsgrad der Stadt literarhistorisch zu belegen, die Tatsache erwähnt, daß im Volksbuch vom Till Eulenspiegel (1515) Staßfurt für einen Schwank ausersehen wurde. Es handelt sich um die 6. Historie: "Wie Eulenspiegel einen Brotbäcker betrog um einen Sack voll Brots in Staßfurt in der Stadt und bracht das seiner Mutter heim."

Leider ist der historische Stadtkern von Staßfurt in der Zeit nach dem 2. Weltkrieg Schritt für Schritt einer Stadtsanierung, die auf Abriß orientiert war, zum Opfer gefallen. (Es soll in diesem Zusammenhang nicht verschwiegen werden, daß die durch den Salzbergbau der 2. Hälfte des vorigen Jahrhunderts eingetretenen Senkungserscheinungen im Stadtgebiet ein Problem darstellten und noch darstellen.) Gerade darum lohnt es sich aber, einen Streifzug durch die Geschichte Staßfurts zu machen.

Siegel der Stadt Staßfurt um 1350

Der heutige Ort Staßfurt (bis nach dem 2. Weltkrieg Staßfurt-Leopoldhall) ist aus drei ursprünglich selbständigen Ortsteilen: Altstaßfurt, Stadt Staßfurt und Leopoldshall zusammengewachsen. Während die beiden ersteren 1868/69 vereinigt wurden, erfolgte der Zusammenschluß mit Leopoldshall 1946/47, als die alten politischen Strukturen im Gebiet der späteren DDR zerschlagen waren. Die Gemeinde (das Dorf) Altstaßfurt und die Stadt Staßfurt gehörten zum Zeitpunkt der Vereinigung zur preußischen Provinz Sachsen - Regierungsbezirk Magdeburg, Kreis Calbe/Saale -, während Leopoldshall eine jüngere anhaltinische Gründung aus den Jahren 1855/56 war. (14)

Zur älteren Staßfurter Stadtgeschichte gibt es nur wenige gesicherte Quellen. Schon die als erste urkundliche Erwähnung Staßfurts angesehene Einladung des Abtes Fulrad von St. Quentin durch Kaiser Karl den Großen zu einer Heeresversammlung in Starasfurt an der Bode am 18. Juni 806 hat sich in neuerer Zeit als spätere Hinzufügung zu einer älteren Handschrift erwiesen. Dabei ist bis jetzt nicht auszumachen gewesen, ob es sich um eine bewußte Täuschung oder um die Abschrift einer verschollenen Urkunde handelt. Der ehemalige Staßfurter Stadtarchivar Karl Jahr führt im Zusammenhang mit dieser Urkunde in der Festschrift zur 1150-Jahrfeier der Stadt Staßfurt im Jahre 1956 folgendes aus:

"Mit einem Schreiben oder richtiger gesagt, mit einem Befehl Karls des Großen ist uns eine der Quellen zur frühen deutschen Geschichte überliefert, die die Abhaltung einer Heeresversammlung in Staßfurt zum Inhalt hat. Die Aussage und die aufschlußreiche Ausführlichkeit des Befehls lassen erkennen, daß diese Heerschau Ausgangspunkt zu einem der letzten Kriegszüge Karls gegen die Slawen gewesen sein muß. Der Befehl liegt allerdings nicht im Original vor, sondern in einer Abschrift des 13. Jahrhunderts (im Staatsarchiv München) und ist nicht näher datiert." (Die neuere und neueste Forschung nimmt das Jahr 806 als gesichert an; K.)

"Die auf Staßfurt bezogene Stelle lautet: 'Notum sit tibi, quia placitum nostrum generale anno praesenti condictum habemus intra Saxoniam in orientali parte, super fluvium Bota in loco, qui dicitur Starasfurt'. (Es sei dir (dem Abt Fulrad von St. Quentin) zur Kenntnis gebracht, daß wir nach unserem Entschluß eine Heeresversammlung im gegenwärtigen Jahr festgesetzt haben im östlichen Sachsen am Fluß Bota (Bode) in dem Ort, der Starasfurt genannt wird.)

Weiter heißt es in deutscher Übersetzung: 'Daher befehlen wir, daß du mit deinen gut bewaffneten und ausgerüsteten Leuten vollzählig zu dem festgesetzten Sammelorte am 18. Juni pünktlich erscheinst... Insbesondere befehlen wir noch, wohl darauf zu achten, daß ihr in guter Ordnung zu dem angegebenen Ort zieht, durch welchen Teil unseres Reiches auch der nächste Weg euch führt... Die Leute (das einfache Fußvolk) sollen immer zusammen mit Wagen und Reitern marschieren bis zum Ziel, damit die Abwesenheit des Herrn den Leuten keine Gelegenheit zu Übertretungen gebe'."

Tatsache ist, daß Staßfurts Bedeutung im Mittelalter auch durch seine Lage an einer Furt durch die Bode bedingt war. Hier führte eine alte Handelsstraße von Magdeburg nach Halle/Saale entlang. Eine Deutung des Ortsnamens geht davon aus, daß in der Vorsilbe das altslawische Wort für alt enthalten sei; demnach würde der Name Starasfurt soviel wie "alter Flußdurchgang" bedeuten. "Ein anderer alter Chronikschreiber ist der Meinung: Staßfurt hat von den Sassen oder Sachsen seinen Namen bekommen, gleichsam Ssasfurt oder t'Sasfurt, woraus mit der Zeit Staßfurt geworden ist." (10)

Anscheinend haben die Solquellen schon im frühen Mittelalter dem Ort wirtschaftliches Ansehen verschafft. Eine Sage berichtet, daß ein Wendenanführer Godomir oder sogar der Sachsenherzog Widukind (Wittekind) beim Ablöschen eines Lagerfeuers im Gebiet der "Sülze" (heute Straßen- und Gemarkungsname) durch die auftretenden weißen Krusten den Salzgehalt des benutzten Quellwassers entdeckt habe.

Karl der Große schickt von einer Heeresversammlung Botschafter aus
Miniatur aus "Les grandes chroniques de France"
Im Jahre 806 soll der Kaiser in Staßfurt eine ähnliche Versammlung abgehalten haben

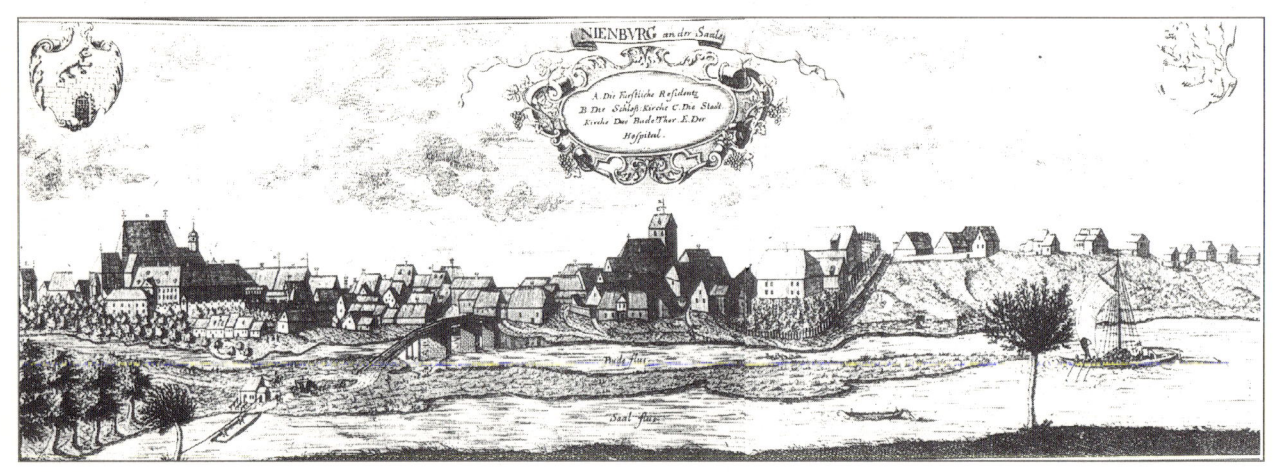

Nienburg,
Kupferstich aus "Historia des Fürstenthums Anhalt" von Johann Christoph Beckmann, 1710;
Die ersten urkundlich gesicherten Erwähnungen von Staßfurt (Altstaßfurt)
entstammen Urkunden des Benediktinerinnenklosters Thankmarsfelde (Harz), das 975 nach Nienburg verlegt wurde.

Zwei Innenansichten der frühgotischen Kloster- bzw. Schloßkirche Nienburg,
vermutlich Lithographien um 1830; Reproduktion Dr. Vogel, Nienburg;
Die Nienburger Schloßkirche ist eines der schönsten frühgotischen Baudenkmäler Mitteldeutschlands.
Die Maßwerkgestaltung der Fenster wird häufig zusammen mit der Marburger Elisabethkirche und dem Mindener Dom genannt.

Die Chorpartie der Kloster- bzw. Schloßkirche Nienburg;
Lithographie um 1830;
Links im Bild ist die ehemalige zweigeschossige Doppelkapelle zu sehen.

Urkunde des Klosters Thankmarsfelde vom Jahre 970 mit der Nennung von "Ostersalthuse in Stasfurdi"; Erzbischof Gero von Köln und dessen Bruder Markgraf Thietmar machen dem Kloster die Schenkung mit Leibeigenen, Weiden, Wiesen, Gewässern und der Fischerei.

Dieses Ohrts wird nun auch weiter sein des Klosters Hagenrode zu gedencken : Dann wie wier zu Anfang bei den Nienburgischen Geschichten gesehen/ so ist die erste Abzielung des Ertz-Bischofs Geronis zu Cölln/und des Marckgrafen Thietmari in Errichtung eines Klosters auf Tagmersfeld gewesen / wovon auch noch ein Diploma gezeiget wird/ dessen Original ich zwar nicht gesehen/ finde aber eine Copie in Hn. D. Knauten Tr. von den Pagis Anhaltinis, und weil die Historie dadurch zu mehrer Völligkeit kommt/so will solche/ so wie sie da stehet/ in Hoffnung / daß es sonsten damit seine Richtigkeit haben werde/ anher setzen:

In nomine Sanctæ & Individuæ Trinitatis Patris, Domini nostri JESU CHRISTI Spiritusque Paracleti. Si quis egenis pauperibus Christi hereditario sibi ex jure cedentibus , maximeque Ecclesiis DEI contribuerit, centeni fructus cum multiplicatione omnium ex Remuneratore regno immarcescibili in coelis remunerandum, credentibus liquet manifestatissime universis. Quapropter *Gero , Sanctæ Coloniensis Ecclesiæ Archi-Episcopus , Germanusque ejus Thietmarus Marchio*, tam felicem diu animo moventes remunerationem, quod cunctorum Sanctæ Dei Ecclesiæ fidelium præsentium , sed & futurorum solerti industriæ hac sub prænotatione innotescere fecimus ; Quam equidem *in Thangmaresfeld* habuerint mancipiis, campis , silvis, aquis , ad Ecclesiam Sanctæ DEI Genetricis Mariæ in eodem loco constructæ , & monachis ibidem Deo servientibus ad sumtum necessaria totum & integrum tradiderunt. Adhæc etiam in *Asmereslove & Linthorpe* quod habuerunt mancipiis, fetilibus, campis , pascuis, silvis, aquis, excepto uno territorio Venatoris , *venatoris Hugibaldi* & tempore addentes, donavere , in *Huodenstedin* etiam qvod possederant, campis, pascuis, aquis, mancipiis, & illud apposuerunt *OsterSalthusen in Stasfurdi*, cum mancipiis, pascuis, pratis, aquis , piscationibus , piscium etiam decimationem *in Milda* & ceterarum ibidem discurrentium aquarum, quam potestative detinuerunt, in eleemosinam parentum animarumque eorum totum & integrum præfatæ ditioni Ecclesiæ contradiderunt. Si quis extraneus vel coheredum eorum aliquis , vel ipsi, quod absit, præfatæ Sanctæ Dei Genetricis Ecclesiæ irrogare , & hanc traditionis Chartam infringere conaverit, obscurent oculi ejus, ne videat lumen , & ut se deliquisse cognoscat , libram auri regiæ censuræ persolvat, & quod repetit insuper vindicare non valeat. Actum publice in prænotata Ecclesia IV. Kal. Septembr. anno ab Incarnatione Domini nostri JESU CHRISTI DCCCCLXX. Indict. XIII. Regnantibus DIVIS Augu-

In nomine Sanctae & individuae Trinitatis. *Chuonradus divina favente clementia Romanorum* Imperator Augustus. Si nostra Imperiali auctoritate haec loca extollere cupimus, que divino servimini bene & rationabiliter esse mancipata aspicimus: Quin in omnibus nostris rebus Deum nobis inde propitium habeamus, minime ambigimus. Quapropter Christi nostrique fidelium universitati notum esse volumus, qualiter nos ob minime denegandam peticionem dilectissimae *conjugis nostrae Gislae Imperatricis Augustae*, nec non amabilem Karissimae *prolis nostrae Henrici Regis* interventum simulque ob consilium nostrorum optimatum *mercatum, quem Abbas Nienborgensis habuit in Stasvorde,* consensu & collaudatione ejusdem *Abbatis Albini in Nienburc* transtulimus, *itemque monetam, quam in Hazechenrode habuit,* transformatam ad *praedictum monasterium transposuimus.* Ea scilicet ratione, ut preter ipsius suorumque successorum velle, *nullus Comes vel Advocatus* super haec, quae jam prenominavimus, aliquam exerceat potestatem, id pre omni desiderio exoptantes, *ut in praefato loco Nienburgensi* memoria *parentum nostrorum, nostrique nominis commemoratio* in orationibus Monachorum presentium & futurorum jugiter habeatur. Et ut hoc nostrae auctoritatis preceptum per futura succedentium temporum curricula firmius habeatur, hanc nostrae dominationis paginam inde conscriptam sigilli nostri inpressione signari precepimus, eamque manu propria, ut infra videtur, corroboravimus. Signum Domni *Chuonradi Romanorum Imperatoris Invictissimi.* Burchardus Cancellarius vice Barthonis Archi-Capellani recognovit. Data XVI. Kl. Nov. Anno Dominicae Incarnat. M. XXXV. Indictione III. Anno *Domni Chuonradi Secundi Regni* XI. Impe-

Kloster- bzw. Schloßkirche Nienburg und links daneben
die ehemalige Doppelkapelle;
Ansicht von den Bodewiesen aus

Urkunde des Klosters Nienburg vom Jahre 1035;
In dieser Urkunde wird unter Abt Albuin durch Kaiser Konrad II. der der
Abtei Nienburg bereits unterstehende Markt von Stasvorde
nach Nienburg verlegt.
beide Urkunden aus: Beckmann, Historie des Fürstenthums Anhalt, 1710

Das Staßfurter Stadtwappen
vom
Renaissanceteil des Rathauses

Das Staßfurter Stadtwappen
mit dem Hl. Johannes dem Täufer, der das
Lamm Gottes und eine Kreuzfahne trägt.
Glasbild um 1673 (?)

Staßfurt um das Jahr 1600,
nach einer Zeichnung
in den Akten des
Reichskammergerichts
zu Wetzlar,
umgezeichnet von
H.-J. Niemann
Der Zeichner im Mittelalter
hat die Lage
der beiden Städte
an der Bode vertauscht:
die Stadt Staßfurt
liegt fälschlicherweise
auf dem hohen Bodeufer
und das Dorf Altstaßfurt
auf dem flachen.

Blick auf Altstaßfurt
mit der alten Petrikirche
und dem alten
Pfarrhaus davor.
Die Kirche wurde 1886
abgerissen;
das alte Pfarrhaus
mußte dem jetzigen
1904 weichen.
Der Zusammenschluß
von Altstaßfurt
mit der Stadt Staßfurt
fand in den Jahren
1868/69 statt.

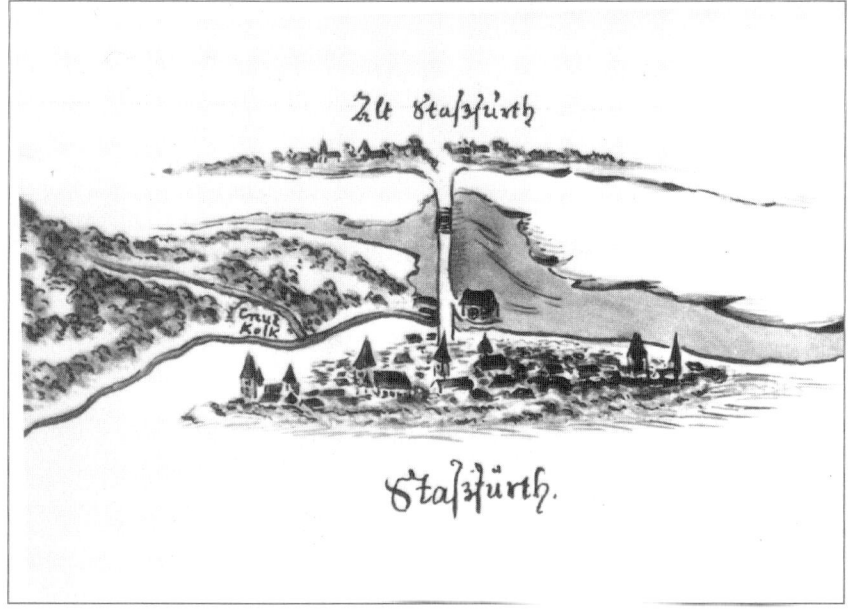

Staßfurt
im Jahre 1678;
aus einem Gutachten
des Helmstedter
Universitätsprofessors
Paulus Heigel
über die Bode.

December 1807 in Staßfurt geboren. 3. April 1833 Bürger geworden.

Gamper, Johann Friedrich, seiner Profession ein Glaser, aus Germsheim im Churpfältzischen gebürtig. 1. Aug. 1747.

Gantert, Andreas Wilhelm, ein Schneidergeselle. 3. Juli 1796.

Gauch, Abrahamb, ein Glaser bürtig von Zweibrücken, aus der Unter-Pfalz. 24. Oct 1685.

Gebhardt, Friedrich, ein Deconom. 10. July 1803 in Rannenwurf geboren. 20. September 1833 Bürger geworden.

Gehrmann, Jochim. bürtig aus Wanzleben. 24. Mart. 1696.

Gehrmann, Christian Wilhelm, ein Schneider, aus hiesiger Stadt gebürtig 22 Jahr alt. 14. April 1722.

Gehrmann, Christoph Samuel, eines hiesigen Bürgers Sohn, seiner Profession ein Schneider, seines Alters 27 Jahr. 13. Mart. 1731.

Gehrmann, Johann Christoph, gebürtig aus Staßfurt, 27 Jahr alt und seiner Profession ein Schneider. 8. September 1763.

Geiseler, Christoph Elias, aus Halle gebürtig. 28 Jahr alt. 2. August 1729.

Geiß, Friedrich August Wilhelm Ferdinand, Dr. med. 17. September 1801 in Staßfurt geboren. 2. October 1831 Bürger geworden.

Geiß, Friedrich Wilhelm, Diaconus und Prediger. 30. December 1770 in Staßfurt geboren. 2. Februar 1835 Bürger geworden.

Gericke, Gottlieb Friedrich, seiner Profession ein Kaufmann, und eines hiesigen Bürgers Sohn, seines Alters 23 Jahr. 2. April 1754.

Gericke, Johann Friedrich, ein Kaufdiener, aus

hiesiger Stadt gebürtig, 23 Jahr alt. 5. Juni 1798.

Germer, Peter, gebürtig aus Atzendorf, ein Handarbeiter. 1. Nov. 1774.

Germershausen, Peter Conrad, seiner Profession ein Bäcker. 29. Juni 1741.

Gesau, Johann Levin, ein Pfannenschmidt, gebürtig aus Schönebeck. 13. Juny 1783.

Gille, Ernst August, 27 Jahr alt, ein Schneider. 29. Juny 1797.

Gille, Johann Friedrich, seines Handwerks ein Bäcker, aus Einsleben gebürtig und 39 Jahr, alt. 31. Januar 1809.

Glatz, Johann Friedrich, ein Krahmer, 38 Jahr, aus Mühlhausen. 18. December 1798.

Gleissner, Christoff, 1632.

Glesingk, Christian, seines Handwerks ein Huthmacher. 1606.

Goedecke, Johann Nikolaus, ein Böttcher, aus Atzendorf gebürtig, 28 Jahr alt. 9. Februar 1796.

Goedecke, Friedrich, ein Tischler. 4. April 1810 in Kirch-Ditca geboren. 17. September 1839 Bürger geworden.

Goedicke, Johann Andreas, seiner Profession ein Bäcker, gebürtig aus Ermsleben, 24 Jahr alt. 24. Juli 1765.

Göhler, Johann Gottlieb. 19. Mart. 1755.

Görke, August, ein Kaufmann, aus Staßfurt, seines Alters 20 Jahr. 28. December 1763 Bürger geworden.

Görtke, Jacob. 1695.

Goesche, Karl Daniel, ein Schneider. 1802 in Groß-Oschersleben geboren. 1839 Bürger geworden.

Zwei Seiten
aus der Bürgerrolle
der Stadt Staßfurt
von 1576 bis 1854

Pfarrer Friedrich Wilhelm Geiß
(1770 - 1847),
der hochverdiente
Staßfurter Chronist
und das Titelblatt
der 1. Ausgabe 1837

Chronik
der Stadt Staßfurt
und
der Umgegend,
vom Beginne historischer Nachrichten
bis auf
das Jahr 1836 incl.,
angefertigt
von
Friedrich Wilhelm Geiß,
Prediger in Staßfurt.

Calbe a. d. S., 1857.
Gedruckt bei Johann Friedrich Döring.

Titelblatt der 1. Ausgabe 1837;
Erkennbar sind die Namen von drei Besitzern
dieses Exemplars:
Oberprediger Dr. Schild (mit Blaustift
geschrieben),
Stadtsekretär Berger (Namenszug mit Tinte)
und Lehrer Franz Müller (Stempel)

Wir Bürgermeister und Rath der Königl. Preußischen Stadt Staßfurth urkunden und bekennen hiermit, daß 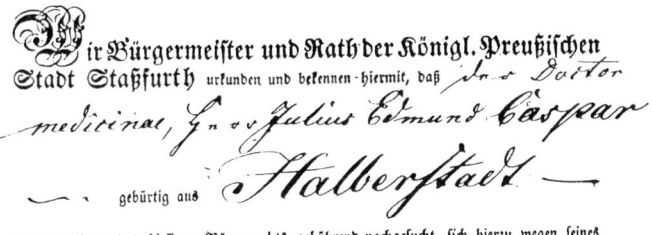 geb̈ürtig aus

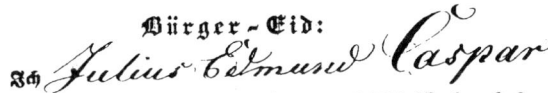

um Ertheilung des hiesigen Bürgerrechts gebührend nachgesucht, sich hierzu wegen seines zeitherigen Lebenswandels und sonst hinlänglich legitimirt, auch hierauf am heutigen Tage folgenden

Bürger-Eid:

Ich Julius Edmund Caspar schwöre zu Gott, dem Allmächtigen und Allwissenden, daß Seiner Königlichen Majestät von Preußen, meinem Allergnädigsten Herrn, ich unterthänig, treu und gehorsam sein, meinen Vorgesetzten willige Folge leisten, meine Pflichten als Bürger gewissenhaft erfüllen und zum Wohl des Staats und der Gemeine, zu der ich gehöre, nach allen meinen Kräften mitwirken will, so wahr mir Gott helfe durch Jesum Christum!

in den Vormittagsstunden unter den gewöhnlichen Feierlichkeiten abgelegt auch die Gebühren für's Bürgerrecht nach der angefügten Quittung entrichtet hat.

Wir ertheilen daher demselben in Kraft dieses Diploms das Bürgerrecht hiesiger Stadt mit allen darunter begriffenen Vortheilen, insbesondere mit allen Rechten und Befugnissen zu Betreibung bürgerlicher Nahrung und Gewerbe, insofern dieselben nicht durch entgegenstehende Verbietungs-Rechte beschränkt sind, und versichern ihm hiermit, so viel an uns ist, allen und jeden obrigkeitlichen Schutz.

Urkundlich ist gegenwärtiges Bürger-Diplom unter Vordruckung unsers Stadt-Insiegels und gehöriger Unterschrift ausgefertigt und vollzogen worden.

So geschehen Staßfurth am 3ten Februar 1846.

Der Magistrat.

Bürgereid des Arztes Dr. Caspar

"Dem Sanitätsrat Dr. Julius Edmund Caspar (1816–1877), Junkerstraße 3 (heute Pestalozzistraße), wurde am 1.9.1871 zusammen mit Dr. Wilhelm Geiß die ärztliche Leitung des Städtischen Krankenhauses Staßfurt übertragen." (nach Seyffarth)

Ansicht der Stadt Staßfurt um 1850;
umgezeichnet von H.-J. Niemann

August Ferdinand
Friedrich Wilhelm Geiß
(1801 - 1865)
Arzt und Bürgermeister

Kirchplatz in Leopoldshall,
Lithographie um 1880.
Neben der Kirche sind links das alte Rathaus
und rechts die Schule zu sehen.

Dr. med. Ferdinand
Friedrich Wilhelm Geiß
(1838 - 1902)
Geheimer Sanitätsrat
und 2. Bürgermeister

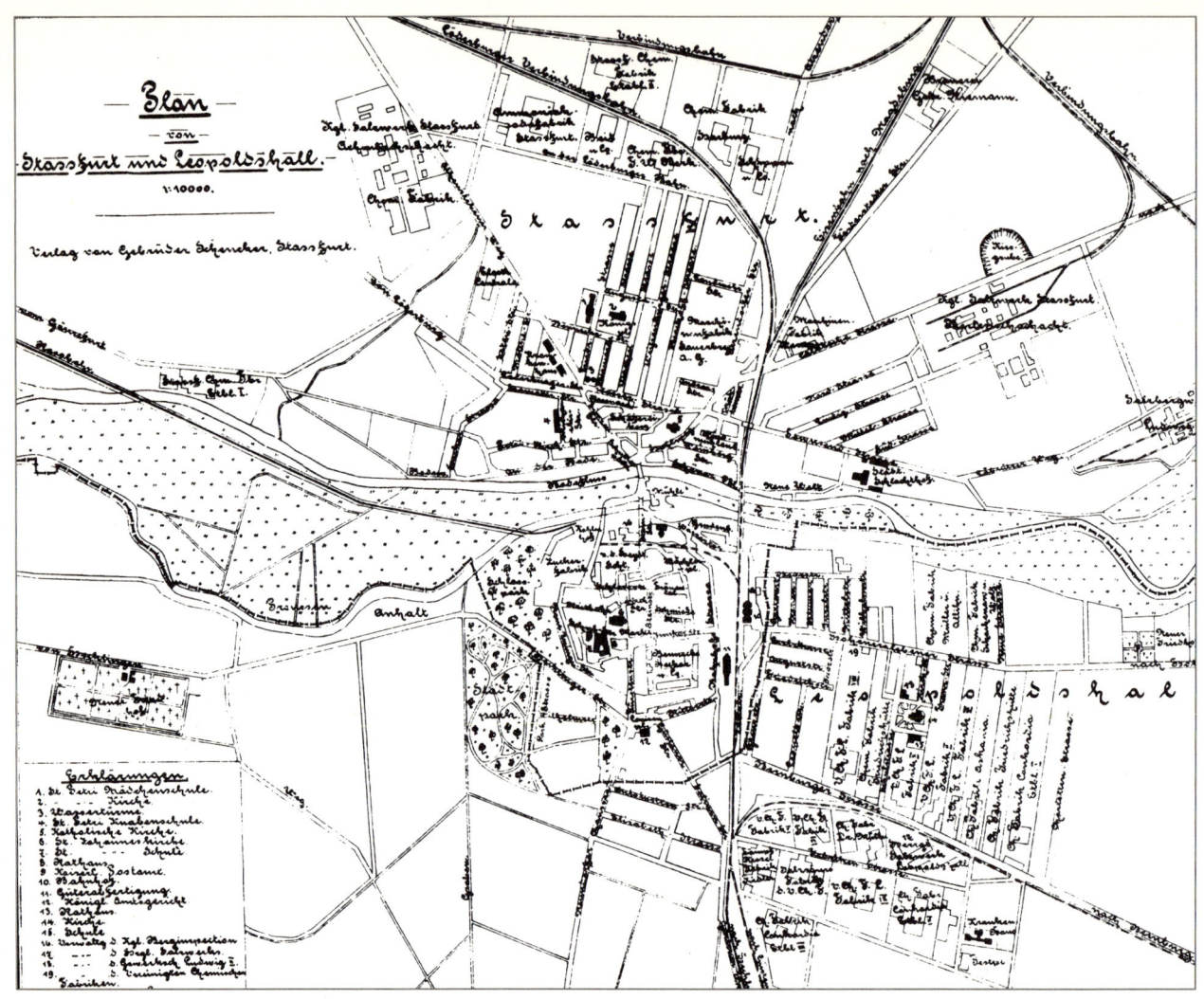

Stadtplan von F. Reuter (1910)
aus dem Führer durch Staßfurt-Leopoldshall von Franz Müller (1911)
Zwei Industriegebiete zeichnen sich deutlich ab:
in Staßfurt an der Löderburger Bahn und
in Leopoldshall die Bernburger sowie die Fabrikenstraße umfassend.

Ritterstraße (später Heinrich-Zille-Straße)
linke Seite

Ritterstraße (später Heinrich-Zille-Straße)
rechte Seite

In diesem Gebiet traten um 1885 die ersten Senkungserscheinungen auf

Abriß nach 1906 auf Grund der Senkungserscheinungen am Großen Markt

Großer Markt am Chor der
Johanniskirche um 1900

Gasthaus "Goldener Löwe" mit dem alten Theatersaal
Später befand sich hier der Kindergarten von Fräulein Karoline Herz,
von alten Staßfurtern liebevoll "Tante Linchen" genannt.

Eingang zum Theatersaal von der Reitbahn aus

Der Brandhof mit Eulenturm
um 1910

Staßfurter Postamt

Wassertürme

Staßfurt 1910

Blick von der Post auf Altstaßfurt
mit der katholischen Marienkirche

Bernburger Straße

Gesamtansicht der Stadt Staßfurt

Blick auf das ehemalige Altstaßfurt

Blick auf Altstaßfurt
mit der katholischen
St. Marienkirche,
um 1925.
Der "Neumarkt" wurde erst um 1935
mit dem Schutt der alten
chemischen Fabriken (von der
Löderburger Bahn) aufgeschüttet.
Auf dem Bild reichen die Badewiesen noch
bis zur Bodebrücke.

Die Stadt Staßfurt

Das Staßfurter Freibad

Schloßstraße,
um 1910

Blick auf die alte Zuckerfabrik (links)
und den Kohlenhof (ganz rechts)

Blick auf die Stadt vom Turm der Marienkirche,
um 1960

Luftbild des Stadtzentrums und der Johanniskirche,
um 1935

Blick nach Altstaßfurt;
das weiße Gebäude in der Bildmitte ist die ehemalige Berginspektion;
der alte Salinenhof bzw. der Ort der ersten Salzschächte wird
durch die Baumgruppe davor markiert

Eulenturm und St. Johanniskirche, dazwischen die St, Johannisschule;
um 1930

Die Petri-Knabenschule (heute Hermann-Kasten-Schule)
in der Michaelisstraße um 1910

Gymnasium (später Oberschule für Jungen,
Oberschule und EOS, 1990

Die kirchlichen Verhältnisse in vorreformatorischer Zeit und ihre Weiterentwicklung

Gesicherter sind die Erwähnungen Staßfurts in späteren Urkunden des Klosters Nienburg, am Zusammenfluß von Bode und Saale gelegen. "970 werden dem Benediktinerkloster Thankmarsfelde im Harz von seinen Gründern, Erzbischof Gero von Köln und

dessen Bruder, Markgraf Thietmar, Ostersalthusen in Staßfurdi mit den Leibeigenen, Weiden, Wiesen, Gewässern und der Fischerei geschenkt. 975 wird das erwähnte Kloster nach dem Schlosse Nienburg verlegt. Unter Abt Albuin von Nienburg überführt Kaiser Konrad II. 1035 den der Abtei bereits zuständigen Markt von Staßvurde nach Nienburg." (32)

In den aufgeführten Urkunden geht es um das spätere Dorf Altstaßfurt, das auf dem linken (nördlichen) Bodeufer lag. Dieser Marktflecken im Erzstift bzw. Erzbistum Magdeburg zog sich an der Bode von der heutigen Krummen Straße (Heckerstraße) bis zum Schäfereiberg und der

Holzschnitte
zur Vita
Johannes des Täufers;
Johannes predigt
dem Volke,
Enthauptung
Johannes des Täufers

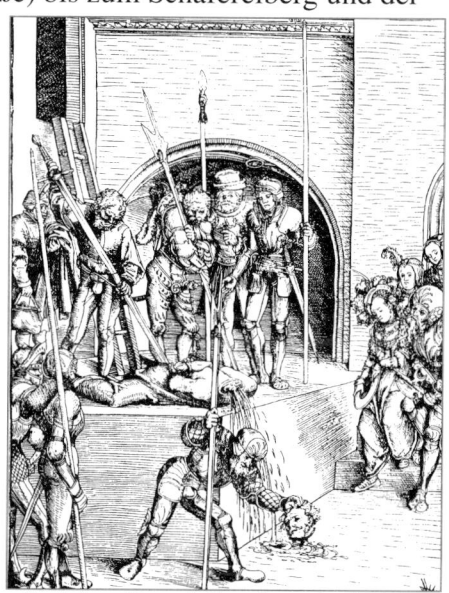

Weinbergstraße hin. Den Mittelpunkt bildete die St. Petrikirche, die auf einer Anhöhe an der Bode hinter dem noch heute dort befindlichen evangelischen Pfarrhaus stand. Die im Jahre 1886 abgetragene alte Petrikirche wies frühromanische Reste auf. Dieser kapellenartige Bau immer wieder Um- und Anbauten ausgesetzt, so daß schließlich ein recht stilloses Gemäuer mlt Dachreiter herauskam. Der hl. Petrus ist sicher als Schutzheiliger gewählt worden, weil das Gotteshaus an der fischreichen Bode lag. Petrus und Stephanus waren überdies in der frühkarolingischen Zeit beliebte Kirchenpatrone. Die neue Petrikirche erbaute man bis 1890 als große neugotische Hallenkirche in einem damaligen Neubaugebiet. Sie beging im September 1990 festlich ihr 100jähriges Jubiläum. (Die zweite neugotische Kirche im Staßfurter Stadtbild ist die katholische St. Marienkirche, deren Bau 1887 abgeschlossen war.)

Aus der alten Petrikirche ist ein Renaissancetaufstein in den Neubau übernommen worden - gestiftet von einer Frau v. Trotha -, der sehenswert ist. (19) Drei in Sandstein gehauene Reliefs mit den zugehörigen Bibelversen veranschaulichen eine kurzgefaßte Theologie der Taufe: Der Sündenfall Adams und Evas als Ursprung der Erbsünde, die Bußtaufe Johannes' des Täufers, an Jesus im Jordan vollzogen, und das nächtliche Gespräch Jesu mit dem Ratsherrn Nikodemus, in dem die Heilsnotwendigkeit der sakramentalen Taufe dargelegt wird. Der Taufstein weist eine überraschende Ähnlichkeit in der künstlerischen Auffassung und der Ausführung mit einem Epitaph (Totengedenktafel) in der Hecklinger Klosterkirche - ebenfalls für ein Mitglied der Familie von Trotha - um das Jahr 1600 auf. Das Epitaph

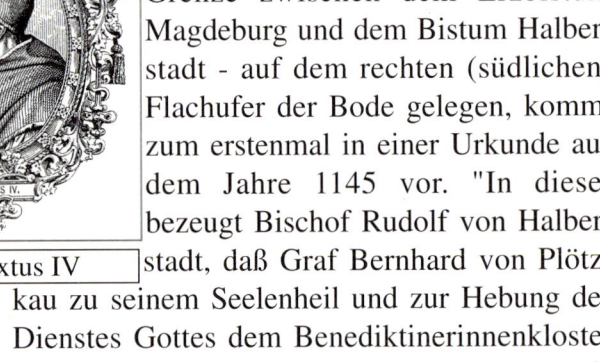

Papst Sixtus IV

wird heute mit ziemlicher Sicherheit dem Sebastian Ertle aus Überlingen zugeschrieben. Damit würde also gleichzeitig eine Aussage über den Schöpfer des Staßfurter Taufsteins getroffen sein. Auch die Frage der Datierung, ob nämlich die in der Stiftungsinschrift genannte Jahreszahl 2.9.92 als 1592 oder 1692 zu deuten ist, wäre durch den Vergleich mit dem Hecklinger Bildwerk geklärt: Der "Zuschlag" würde für das Jahr 1592 fallen.

Die Stadt Staßfurt im Bistum Halberstadt - die Bode war also die Grenze zwischen dem Erzbistum Magdeburg und dem Bistum Halberstadt - auf dem rechten (südlichen) Flachufer der Bode gelegen, kommt zum erstenmal in einer Urkunde aus dem Jahre 1145 vor. "In dieser bezeugt Bischof Rudolf von Halberstadt, daß Graf Bernhard von Plötzkau zu seinem Seelenheil und zur Hebung des Dienstes Gottes dem Benediktinerinnenkloster Hecklingen, wo seine Schwester Irmengarde Äbtissin war, die Kirche zu Staßfurt (ein Vorgängerbau der Stadtkirche aus dem 15. Jahrhundert) geschenkt habe. Auf dieser Dotation beruhte bis zur Reformation das Patronat des Hecklinger Klosters über die Staßfurter Johanniskirche."(25) Die ehemalige Klosterkirche Hecklingen, ca. 3 km von Staßfurt entfernt, ist eins der bedeutendsten romanischen Baudenkmale des Harzvorlandes.

Der Grundstein zur großen Staßfurter Stadtkirche St. Johannis wurde am 25. 5. 1469 gelegt. (Der hl. Johannes mit der Kreuzfahne in der Hand und dem Lamm Gottes auf dem Arm war seit dem Mittelalter bis in die Zeit nach dem 2. Weltkrieg im Stadtwappen und Magistratssiegel zu sehen. Nachdem das kommunistische Regime das beseitigt hatte, wurde im Gefolge der politischen Wende das alte Wappen "rehabilitiert".) Da der Bau der Kirche ins Stocken geriet, gewährte Papst Sixtus IV. am 18. 6. 1476 einen Ablaß zur finanziellen Absicherung des Weiterbaus. Der Ablaßbrief wird im Stadtarchiv aufbewahrt. Die Johanniskirche, deren Bau um 1484 beendet war, präsentierte sich als eine spätgotische Hallenkirche, deren gewaltige Silhouette mehr an eine mittelalterliche Burg als an ein Gotteshaus erinnerte. Sie besaß im Langhaus fünf schmale Joche mit großen Maßwerkfenstern. Mittelschiff und Seitenschiffe bildeten einen fast quadratischen Raum, der durch Pfeiler gegliedert wurde. An das Mittelschiff schloß sich der zehn Meter lange Altarraum mit einem Chor an, dessen Grundriß aus fünf Seiten eines Achtecks gestaltet war.

Auch hier imponierten große Fenster mit spätgotischem Fischblasenmaßwerk. Die etwas roh und ungegliedert wirkende Turmfront war zweitürmig angelegt, wobei nur der südliche Turm voll ausgebaut und mit einer steinernen Pyramide als Abschluß versehen war. Auf Grund von Bergschäden wurde die Kirche 1884 vorübergehend und am 9. 9. 1906 für immer geschlossen. In ruinöser Form überdauerte das Bauwerk die folgenden Jahrzehnte, bis es am 27. 5. 1948 abbrannte. Die Turmfront, der infolge von Senkungserscheinungen stark geneigte "Schiefe Turm von Staßfurt", wurde ab 1964 beseitigt. Als eins der schönsten Geläute der ehemaligen Provinz Sachsen galt das historische Glockengeläut der Kirche (A, cis, d, e), das mit seinem vollen, tiefen und sehr harmonischen Klang an die Glocken des Prager Veitsdoms auf dem Hradschin erinnerte. Unverständlicherweise überließ man die große dreimanualige Orgel, die die in Mitteldeutschland renommierte Firma Rühlmann/Zörbig noch 1903 (!) erbaut hatte, bei der Schließung der Kirche ihrem Schicksal. (Auch die Petri- und die Marienkirche verfügen über größere Orgeln des Orgelbauers Rühlmann aus dem letzten Jahrzehnt des 19. Jahrhunderts, welche beide in den letzten Jahren restauriert worden sind.)

Die Bergbaubehörde stellte der evangelischen Johannisgemeinde nach 1906 eine Notkirche, von den Staßfurtern Interimskirche genannt, zur Verfügung. Diese als Übergangslösung gedachte Barackenkirche wurde 1984, nachdem die evangelischen Gemeinden von St. Johannis und St. Petri 1974 vereinigt worden waren, aufgegeben.

Die Johanniskirche,
nach einer Lithographie um 1850

Papst Sixtus IV. (1471 - 1484)
erließ am 18. 6. 1476 einen Ablaßbrief,
der den ins Stocken geratenen Weiter-
bau der spätgotischen Johanniskirche
ermöglichte.

Ablaßzettel
des Papstes Sixtus.

Durch den Erwerb eines
solchen "Anteilscheines"
konnte sich der einfache
Gläubige von zeitlichen
(kirchlichen) Sünden-
strafen befreien.

Die Johanniskirche,
Photographie um 1895

Die St. Johanniskirche, von den Bodewiesen aus gesehen
Lithographie um 1850

Grundriss der St. Johanniskirche

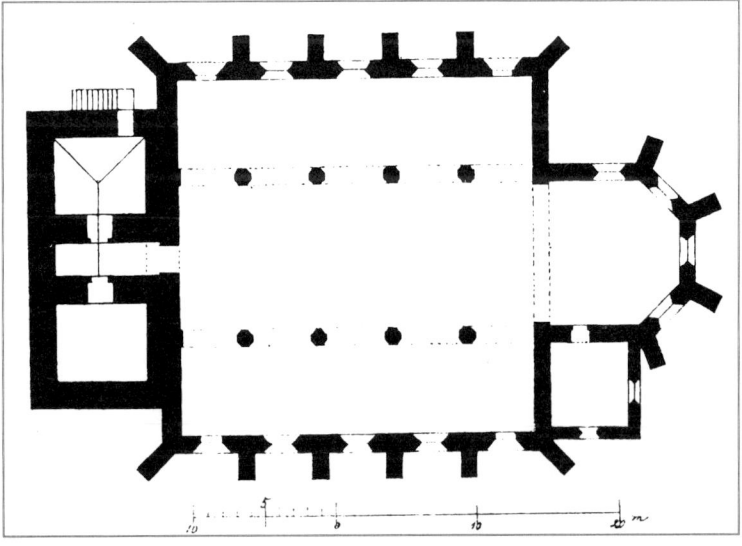

Inneres der St. Johanniskirche zu
Groß-Salze (Schönebeck).
Die in der Staßfurter St. Johanniskirche
ähnlich vorhandene Barockausstattung wurde
zwischen 1870 und 1875 entfernt.
Hier in Groß-Salze sind noch die reich
verzierten Logen und Epitaphien
(Totengedenktafeln) der adligen Pfänner
erhalten geblieben.

Innenansicht der St. Johanniskirche,
nach einer "rekonstruierenden" Zeichnung.
Die südliche Pfeilerreihe ist, wahrscheinlich aus Gründen der
Übersichtlichkeit, nicht dargestellt worden.

Die große Glocke von St. Johannis,
nach dem Umguß durch die
Glockengießerei Collier, Berlin-Zehlendorf,
im Jahre 1891.
Das aus 4 Glocken bestehende Geläut mit den
Tönen A, cis, d, e
galt als eines der schönsten
in der damaligen Provinz Sachsen.

Die "Interimskirche"
der St. Johannis-Pfarrgemeinde
Sie war ursprünglich als
Übergangslösung geplant.
Die Notkirche wurde von 1906 bis
zur Aufgabe 1984 benutzt.

Prospekt der großen Rühlmann-Orgel von St. Johannis.
Noch 1903 fand dieser Orgelneubau statt. Als man die Kirche 1906
aufgab, wurde die Orgel unverständlicherweise nicht ausgebaut. Auch
die St. Petri- und St. Marienkirche in Staßfurt besitzen Orgeln des
renommierten mitteldeutschen Orgelbauers Rühlmann aus
dem letzten Jahrzehnt des vorigen Jahrhunderts.

Die Johanniskirche
mit noch erhaltener Chorpartie,
Photographie um 1905

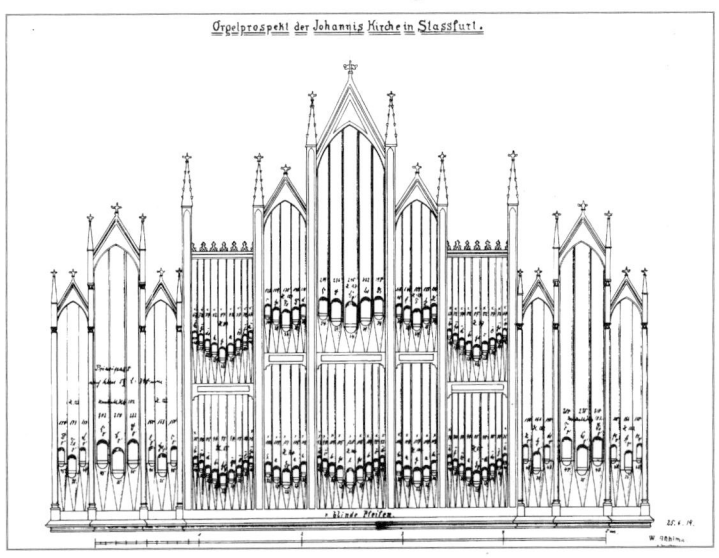

Die Turmfront der
St. Johanniskirche,

von der Reitbahn aus
photographiert,
um 1925.
(Infolge der
Senkungserscheinungen:
"der schiefe Turm".)

Die Johanniskirche,

um 1935;
im Jahre 1906
war bereits
die Chorpartie
abgetragen
worden.

St. Johanniskirche vor dem Brand 1947
von der Schulstraße aus;
Holzschnitt von W. Bleyl

Die brennende St. Johanniskirche
am 27. Mai 1948;
Amateurphotographie

Brand der Johanniskirche am 27. Mai 1948;
Amateurphotographie

Die Johanniskirche als Ruine nach dem Brand
von 1948;
Zeichnung von Walter Höpfner

Der Brand der Johanniskirche
am 27. Mai 1948;
Bleischnitt von Alfred Richter

Der "Schiefe Turm" von Staßfurt (Turmfront der Johanniskirche) mit Weihnachtsmarkt; Die Photographie entstand am 15. Dezember 1957 bei einer Stadtführung mit dem Stadtarchivar Karl Jahr

Der "Schiefe Turm" wird in den Jahren 1964/65
abgerissen;
Amateurphotographien

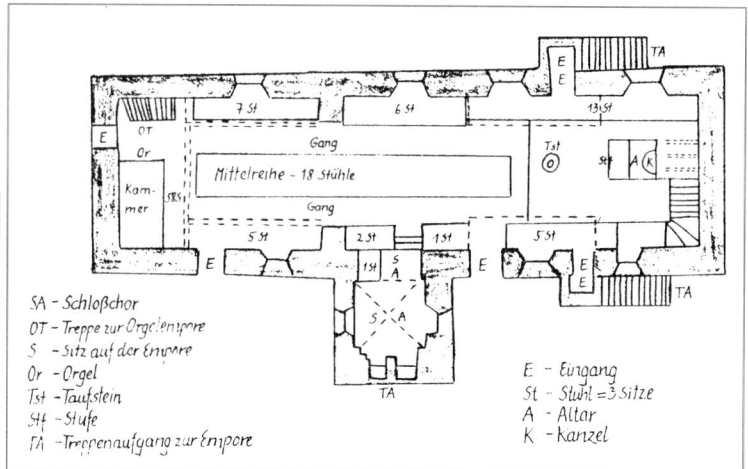

SA – Schloßchor
OT – Treppe zur Orgelempore
S – Sitz auf der Empore
Or – Orgel
Tst – Taufstein
Stf – Stufe
TA – Treppenaufgang zur Empore

E – Eingang
St – Stuhl = 3 Sitze
A – Altar
K – Kanzel

Grundriß der alten Petrikirche;
gezeichnet von J. Stelmecke

Die alte St Petrikirche
auf einer Anhöhe über der Bode,
abgerissen 1886

IOHANN AUGUST EPHRAIM
GOEZE
Fürstl. Quedlinb. Hofdiakonus
geb d 28 Mai 1731.

Der Hofdiakonus Goeze
aus Quedlinburg verfaßte
eine Schrift über die fischreiche (!)
Bode mit Staßfurt

Das alte Pfarrhaus von St. Petri
(abgebrochen 1904);
Hinter dem Haus lag auf einer Anhöhe die alte
Petrikirche. Das jetzige Pfarrhaus steht an der
gleichen Stelle.

Die St Petrikirche und die Goethe-Schule
(früher St. Petri-Mädchenschule)
um 1980

Die neue St. Petrikirche
auf dem Königsplatz,
um 1910

Das Epitaph des Franz v. Trotha in der Hecklinger Kirche, um 1600
Das Hauptrelief zeigt die Ezechiel-Vision von der Auferstehung der Toten

Der Renaissaancetaufstein aus der alten Petrikirche.

Taufschale (verschollen)

Die katholische St. Marienkirche
vor Fertigstellung des Turmes im Jahre 1890
Das Aquarell zeigt eine
andere Turmdachgestaltung
als die dann tatsächlich ausgeführte.

Bauzeichnung
der ursprünglich ohne hohen Turm
geplanten Westfassade
der katholischen
St. Marienkirche

Die St. Marienkirche
von Nordosten,
(Wasserstraße)
um 1990

Mitte oben:
Pfarrer Ernst Viktor Krekeler,
1851 - 1889,
erbaute von 1885-1887 die
katholische St. Marienkirche

Die St. Marienkirche
von Südwesten,
(Bergstraße)
um 1980

Das Innere
der katholischen
St. Marienkirche,

um 1900

Der Staßfurter Passionsaltar

Der Staßfurter Passionsaltar

Ursprünglich stand in der Johanniskirche ein spätgotischer Flügelaltar mit einem geschnitzten Schrein. Im Jahre 1688 wurde er aus Mitteln der von-Werdenslebenschen-Stiftung für 100 (wahrscheinlicher sind 1000) Reichstaler von der Stadt angekauft und in die Hospitalkirche überführt. Hier ist der Altar als einziges bedeutenderes Kunstwerk in Staßfurts Mauern noch heute zu bewundern. Über seine Herkunft ist keinerlei Urkundenmaterial vorhanden. Es ist gut möglich, daß er zu den beim Neubau der Johanniskirche angeschafften Ausstattungsstücken gehörte, auf die die Ablaßbulle von 1476 hinweist. Man meinte bis in die neuere Zeit, daß der Altar ein süddeutsches Werk aus dem Umkreis von Tilman Riemen-

Der Mittelschrein
mit Kreuzigungsszene
aus dem Staßfurter Schnitzaltar

schneider sei. Aus den Bildern auf den geschlossenen Flügeln des Altars: Hubertus, Antonius der Einsiedler, Kornelius und Quirinus von Neuß (früher als dunkelhäutiger Mann irrtümlich für den im Magdeburger Erzbistum besonders verehrten hl. Mauritius gehalten), die im nördlichen Rheinland als "die vier Marschälle Gottes" Verehrung genossen, und aus dem Vergleich mit anderen in ihrer Herkunft gesicherten Schnitzaltären der gleichen Zeit schloß E. Linße, daß "der Staßfurter Altar aus den Niederlanden, wahrscheinlich aus einer Brüsseler Werkstatt, stammt und vor 1490 geschaffen wurde... Die realistischen Darstellungen atmen reformatorischen Geist. Das entspricht dem niederländischen Denken der Zeit. (15,16) Experten haben inzwischen Brüssel um 1480 als Entstehungsort gesichert. Daß der Altar eigens für Staßfurt angefertigt wurde, schloß Franz Müller aus der Darstellung von St. Johannes und St. Sebastian neben den schon erwähnten Heiligen; St. Johannes war der hochverehrte Patron der Stadt Staßfurt, während St. Sebastian als Schützenheiliger das entwickelte Schützenwesen der adligen Pfännerschaft verkörperte. Auch eine aus Andeutungen vermutete Sebastiansbruderschaft würde diese Auffassung erhärten. (27) (In vielen mitteldeutschen Städten gab es im ausgehenden Mittelalter Schützenbruderschaften bzw. -gilden unter dem Schutz des hl. Sebastian, z. B. in Halberstadt, Magdeburg-Sudenburg und Zerbst.)

Der feste Schrein des spätgotischen Passionsaltars zerfällt in einen mittleren höheren und zwei seitliche niedrigere Teile, welche durch üppig verziertes Stabwerk jeweils in zwei Felder untergliedert sind. Reiches filigranartiges Maßwerk mit Baldachinen bildet den Abschluß der einzelnen Abteilungen. Im Mittelschrein sehen wir eine figurenreiche Kreuzigung, auf den niedrigeren Teilen links Geißelung und Kreuztragung, rechts Kreuzabnahme und Auferstehung. Realistisch in der Auffassung und in starker Bewegung begriffen sind alle Figuren dieser holzgeschnitzten und reich vergoldeten Altarteile. Dagegen sind die gemalten Bilder auf den Innenseiten der Flügel, die das im

Schnitzwerk Dargestellte inhaltlich vorbereiten bzw. fortsetzen, ruhiger und verhaltener in der Aussage. Auf dem linken Flügel wird Christus im Garten Gethsemane und vor Pilatus wiedergegeben, auf dem rechten der Auferstandene mit den Frauen im Garten und das Pfingstereignis.

Die kleineren Flügel, die dem oberen schmaleren Teil des Schreins entsprechen, zeigen links Gottvater mit einer Königskrone auf dem Haupte und einer Fahne in der Hand. Es ist ein eigenartiger Einfall des Künstlers, die Taube des Heiligen Geistes als Wimpel der erwähnten Fahne abzubilden. Rechts ist die Gottesmutter Maria, daneben der Erlöser - Gottes Sohn - mit den Marterwerkzeugen dargestellt.(23)

Der heilige Sebastian,
Abbildung aus dem Passional, um 1490

Köthensches Zollhaus gegenüber dem
St. Johannishospital, um 1850;
Auf der Straße dazwischen verlief die
Grenze zwischen Preußen und Anhalt.

Das Johannis-Hospital vor dem Neubau 1899,
heute Altersheim Luisenplatz;
Vollrath Christoph v. Werdensleben, der letzte Vertreter dieses
Adelsgeschlechts in Staßfurt, begründete in seinem Testament vom
6.2.1683 das verfallene Hospital neu und dotierte es.

Inneres der alten Hospitalkapelle
vor dem Neubau 1899

Rest der Staßfurter Stadtbefestigung
aus dem 15. Jahrhundert an der Turmgasse,
südwestliches Rondell und Eulenturm;
Zustand um 1925

Ein Kapitel frühe Stadtgeschichte

Für das Gebiet der Stadt Staßfurt bestand in vorreformatorischer Zeit zunächst eine Aufteilung zwischen geistlicher und weltlicher Herrschaft. Der Bischof von Halberstadt war für die geistlichen Belange zuständig. Die weltliche Schutzherrschaft über das Benediktinerinnenkloster Hecklingen und "dessen vornehmsten Besitz", die Stadt Staßfurt, wurde nacheinander durch die Grafen von Plötzkau (Urkunde von 1145), den mit ihnen verwandten Askanier Albrecht den Bären und dessen Erben, die Herzöge von Sachsen, wahrgenommen.

Im Gegensatz dazu übten im zum Erzstift Magdeburg gehörenden Dorf Altstaßfurt die Erzbischöfe gleichzeitig das geistliche und weltliche Regiment aus.

In der Zeit Albrechts des Bären (um 1100 bis 1170) ist eine der bekanntesten Staßfurter Sagen angesiedelt: "Herzog Heinrich der Löwe (1129 bis 1195) belagerte mit großer Heeresmacht Staßfurt, das damals seinem großen Gegner Albrecht dem Bären gehörte. Auf beiden Seiten wurde hart gekämpft. Aber trotz des tapferen Widerstandes der Stadtbewohner gelang es Herzog Heinrich, mit seinen Mannen in die Stadt einzudringen. Die flüchtenden Bürger fanden Schutz in der noch stärker befestigten Burg Staßfurt. Der Kampf entbrannte auf's neue und blieb lange Zeit unentschieden. Doch was

Belagerung einer mittelalterlichen Stadt

half den tapferen Verteidigern aller Mut und alle Aufopferung! Die Nahrungsmittel gingen zu Ende. Auch den Beherztesten sank der Mut; nur noch ein Tag, und alles mußte verloren sein. Da, als die Not am größten war, erschien plötzlich auf der Burg eine alte Frau. Niemand wußte, wer sie war, noch, woher sie gekommen war. In ihrem Korbe trug sie dreiviertel Laib Brot und zur Erquickung zwei Weintrauben. Davon teilte sie aus. Und, o Wunder, jeder konnte sich an dem dargereichten Brote sättigen und an den Weintrauben laben. Ein neuer Mut beseelte alsbald wieder die Besatzung. Herzog Heinrichs Heer wurde schon beim nächsten Ausfall geschlagen; die Burg Staßfurt mit ihrer Besatzung war gerettet."(24)

Am ehemaligen Wassertor (im Gebiet der heutigen Post) befanden sich bis Ende der siebziger Jahre des vorigen Jahrhunderts zwei Sandsteinplatten, auf denen "kunstvoll eingemeißelt" ein dreiviertel Brot bzw Ähren und Weintrauben dargestellt waren. Jahrhundertelang galten diese Steine, die leider nicht erhalten sind, als Wahrzeichen der Stadt Staßfurt. Die religiöse Tendenz der legendären Erzählung und ihre Orientierung an biblischen Berichten ist unverkennbar.

"Zwei der Nachkommen Albrechts des Bären und Herzöge von Sachsen, Johann I. und Albrecht II., hatten bei der Feier ihres Ritterschlags bedeutenden Aufwand getrieben. Sie waren dadurch tief verschuldet und konnten ihren Verpflichtungen nicht nachkommen. Sie sollten daher in Schuldhaft genommen werden. Um sich davon zu befreien, verpfändeten sie am 8. Juli 1276 verschiedene Besitzungen, darunter die Stadt Staßfurt mit allen Einkünften und allem Zubehör an den Erzbischof Konrad II. von Magdeburg. Da die Herzöge in Jahresfrist die hohe Schuldsumme von 6000 Mark Silber (Mark hier ein altdeutsches Gewicht von 233,856 g) nicht bezahlen konnten, fiel die Stadt Staßfurt 1277 an das Erzstift Magdeburg." (25) Es trat die eigenartige Situation ein, daß der Bischof von Halberstadt weiter für den geistlichen Bereich Verantwortung trug und der Erzbischof von Magdeburg als Rechtsnachfolger der Herzöge von Sachsen Landesherr wurde. Zwei geistliche Fürsten kümmerten sich also fortan um das Wohl und Wehe der Stadt Staßfurt.

"Die Bedeutung Staßfurts für das Erzstift ersehen wir bereits schon ein Jahr nach der Besitzergreifung in der Fehde des Erzbischofs mit dem Markgrafen Otto IV. von Brandenburg... Dieser wollte nach dem Tode des Erzbischofs Konrad, der noch im Jahr 1277 erfolgte, seinen jüngeren Bruder Erich mit Waffengewalt zum Erzbischof von Magdeburg machen. Im Verlauf der Streitigkeiten belagerte Otto 1278 Staßfurt als einen der befestigten Hauptorte des Erzstifts. Der vom Domkapitel unterstützte neue Erzbischof Günther von Schwalenberg rückte zum Entsatze herbei, und Markgraf Otto wurde vor Staßfurt am 20. 3. 1278 von einem Pfeil in den Kopf getroffen. Es wird berichtet, daß er die Pfeilspitze ein ganzes Jahr in der Stirn mit sich herumtragen mußte, bis sie endlich herausgeschwärt sei. Von dieser Begebenheit erhielt Otto seinen Beinamen: Otto cum sagitta (Otto mit dem Pfeil)." (17)

Mit der kriegerischen Natur muß Otto in seinem Charakter auch musische Züge vereinigt haben; denn er ist als einer der letzten deutschen Minnesänger in die Literaturgeschichte eingegangen.

Fantasiebild der Schlacht vom 20. März 1278 vor Staßfurts Toren

Siegel der Herzöge Johann I. und Albrecht II. von Sachsen,
um 1275 von Urkunden des Klosters Hecklingen

Der Stiftergrabstein des Grafen Thietmar und seines Sohnes
in der Nienburger Schloßkirche (1350)

Miniatur mit Heinrich dem Löwen (ganz links)
und seiner Gemahlin (ganz rechts)
aus dem Evangeliar Heinrichs des Löwen, 12. Jhdt.

Reitersiegel Heinrichs des Löwen

52

Staßfurter Notgeld aus der Inflationszeit 1921
mit einem Siegel Otto IV.
von Brandenburg

Krieger aus dem Jahrhundert Albrechts des
Bären und Heinrichs des Löwen;
Federzeichnung in einem Psalterium
des 12. Jhdt.

Brakteaten (einseitig hohlgeprägte Münzen) und
Siegel Albrechts des Bären (um 1100 - 1170)

1   2

53

Blick von Südosten
Die romanische Kirche St. Georg und St. Pankratius
des ehemaligen Benediktinerinnenklosters Hecklingen,
Blick aus Nordosten

Die Doppelturmfront entstand erst in
der 2. Hälfte des 19. Jahrhunderts.

5 Kopfdarstellungen
in der Hecklinger Kirche,
an der Nordwand
zwischen den Engelplastiken,
werden als Stifter
aus der Familie der
Grafen von Plötzkau
gedeutet.

Mit den um 1225 entstandenen Engeldarstellungen
besitzt die Klosterkirche Hecklingen
einen der umfangreichsten und bedeutendsten Zyklen
von Großplastiken der 1. Hälfte des 13. Jahrhunderts
im sächsischen Raum.

Turm der Stadtbefestigung,
sogenannter Eulenturm, vom Hirtenhof aus
Überblick über den Zwingerbereich Gollnowstraße - Steinstraße.
Hier ist der Zwinger nur wenige Meter breit. Neben einem verwilderten Garten
füllen Sträucher und Bäume den Raum völlig aus.

Inneres eines Rondells
der Stadtbefestigung

Der Stadtzwinger am Eulenturm,
Raum zwischen der äußeren und der inneren Stadtmauer,
Zustand im Jahre 1956

Stadtbefestigungen;
Ausschnitt aus dem Merianstich von 1653.

Stadttor mit hohem Torturm;
nach Lirars Schwäbischer Chronik,
Ulm 1486.
In Staßfurt gehörten diesem Fortyp
das Wassertor, das Magdeburger und
das Ascherslebener Tor an

Im Stadtzwinger;
die Westseite der Stadtbefestigung zwischen Hirtenhof und Hecklinger Straße.
Die Photographie entstand im Frühjahr 1956 anläßlich einer Führung
durch den Stadtarchivar Karl Jahr.
Der Abschluß des Stadtzwingers mit einem Wachtturmrest
im Bereich der Neuen Zwingerstraße. Zustand 1956

Karl Jahr (1906 - 1977),
nach dem II. Weltkrieg als
Standesbeamter und Stadtarchivar
in seiner Heimatstadt Staßfurt tätig.
Da er bei der Stadtverwaltung und
den Bürgermeistern auf wenig Verständnis
für seine Absichten und Vorschläge stieß,
wechselte er nach seinem Fernstudium
1961 als Mitarbeiter an das
Staatsarchiv Magdeburg.
Karl Jahr ist der letzte profunde Kenner der
Staßfurter Stadtgeschichte gewesen.

Schlußstück des Zwingers
vor der Turmgasse,
Die neuere Quermauer in der
Bildmitte grenzt die Grundstücke
an der Turmgasse
vom Zwinger ab.
Zustand 1992

Die äußere Stadtmauer
zieht sich auf diesem Bild vom
Rondell an der Gollnowstraße
bis zur Steinstraße (früher
Fürstenstraße) durch ein
stark bebautes Gebiet.
Die beiden sichtbaren Wachttürme
sind an der inneren
Stadtmauer angebaut.
Zwischen beiden Stadtmauern
verläuft auch hier noch der
Zwinger, der im Bereich der
Südbefestigung der Stadt fast
vollständig von Rondell
(Gollnowstraße) zu Rondell
(Turmgasse) erhalten ist.
Zustand 1992

Das südwestliche Rondell
der Stadtbefestigung;
Zustand 1990

Das südwestliche Rondell
der Stadtbefestigung;
Zustand 1990

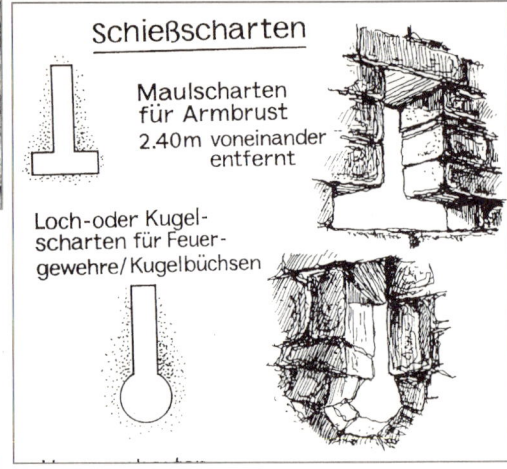

An der Rückseite der Häuser des Wächterplatzes ist sehr schön die äußere Stadtmauer zu sehen, auf der die Häuser des Wächterplatzes errichtet sind. Die Tiefe (unterschiedlich aufgefüllte) Senke davor markiert den ehemaligen Stadtgraben. Auf der linken Seite schließen sich dann wieder erhöht die Bauten der außerhalb der mittelalterlichen Stadt gelegenen Gollnowstraße an. Zustand 1992

Schießscharten

Maulscharten für Armbrust 2.40m voneinander entfernt

Loch-oder Kugelscharten für Feuergewehre/Kugelbüchsen

Diese Rückfront des Wächterplatzes über dem Stadtgraben weist einen gerundeten, vorgebauten Stadtmauerrest auf. Vermutlich handelt es sich um eine Schale, einen nach außen runden, nach innen - zur Stadt hin - aber offenen Turm. Wie bei allen Stadtmauerresten in dieser Gegend sind darauf die Häuser des Wächterplatzes und der Alten Zwingerstraße errichtet worden. Zustand 1992

Das alte Brauhaus an der inneren Stadtmauer
stammt in der jetzigen Form vermutlich
aus der Zeit um 1750.
Wahrscheinlich haben aber noch ältere Teile
beim Bau Verwendung gefunden.
ÖLeider scheint das interessante Haus jetzt völlig
dem Verfall preisgegeben zu sein.
Zustand 1992

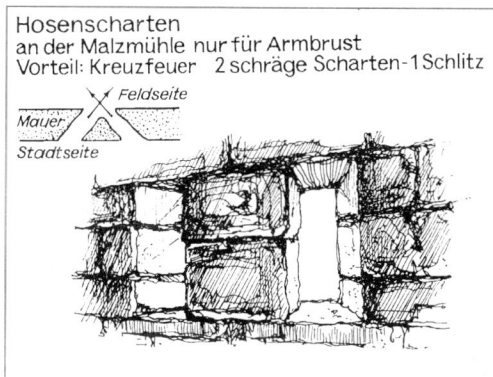

Hosenscharten
an der Malzmühle nur für Armbrust
Vorteil: Kreuzfeuer   2 schräge Scharten-1 Schlitz

Der Zwinger
zieht sich zwischen der Steinstraße und der Turmgasse als relativ breiter
Bereich hin. Rechts an der inneren Mauer ist das alte Brauhaus zu sehen.
Links verlief an der äußeren Stadtmauer der heute weitgehend aufgefüllte
Stadtgraben. Ganz links begrenzt - außerhalb der mittelalterlichen Stadt -
die Hecklinger Straße die Stadtbefestigung.
Zustand 1992

63

Das südöstliche Rondell der Stadtbefestigung,
Photographien 1925 und 1956

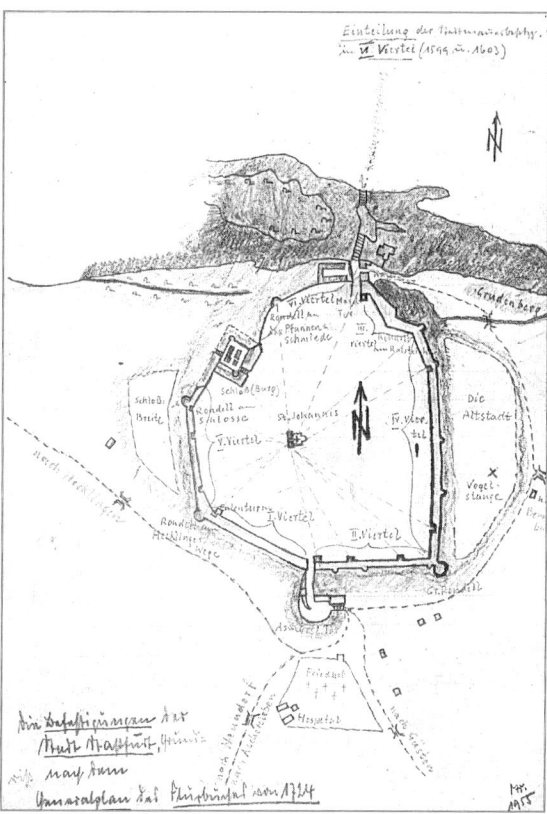

Das südöstliche Rondell mit einem Turm und dem Rest der Stadtmauer;
15. Jahrhundert (Zustand 1990)

Festungsplan von Staßfurt; um 1560

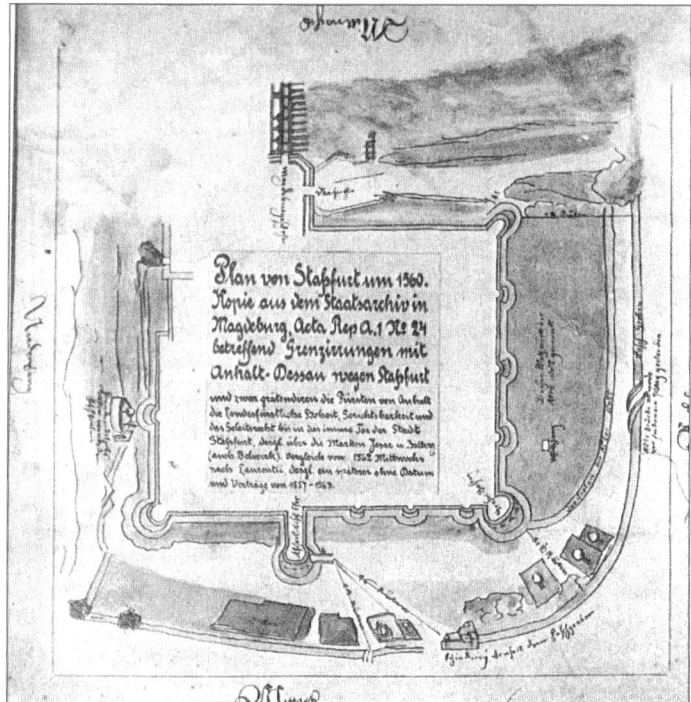

Generalplan
des Staßfurter Flurbuches von 1742;
nach dem Original gezeichnet
von Karl Jahr (1955)

Staßfurt unter den Magdeburger Erzbischöfen

Die Beziehungen der einzelnen Magdeburger Erzbischöfe zu Staßfurt nachzuzeichnen, würde in diesem Rahmen zu weit führen. Es sollen daher nur einige Ereignisse genannt werden. Unter Erzbischof Dietrich (1361 bis 1367) erhielt die Stadt Staßfurt 1366 die erste Willkür, d. h. Stadtgesetze. Im Streit des Erzbischofs Günther II. (1403 bis 1445) mit der Stadt Magdeburg verließ im September 1431 das Domkapitel mit allen Heiligtümern und Schätzen die Stadt. Einer Deputation von 6 Domherren wurde als Aufenthaltsort zur Durchführung der nötigen Geschäfte die Stadt Staßfurt angewiesen. So geriet Staßfurt unfreiwillig auf die Seite der Gegner des Erzbischofs und damit in den Kirchenbann und die Reichsacht. Diese Wirren endeten am 29. Juni 1435. Eine neue Stadtverfassung (Willkür) für Staßfurt wurde 1525 durch Erzbischof Albrecht V. (Kardinal Albrecht von Brandenburg) erlassen. Die einzelnen Artikel betreffen die "Aufrechterhaltung einer guten Ordnung" in der Stadt; z.B. die Pflichten bei einer ausbrechenden Feuersbrunst, das gefährliche Schießen in der Stadt (!), die Reinigung der Straßen und das Verhalten während des Gottesdienstes. Der Gottesdienstbesuch scheint schon damals nicht der beste gewesen zu sein; jedenfalls wird das beim Branntweinsitzen und müßige Spazierengehen während des Gottesdienstes gerügt.(10)

Obwohl sich die Reformation ab 1524 in der Stadt Magdeburg und allmählich auch im Erzstift durchsetzte, hielt der Staßfurter Magistrat noch in den dreißiger Jahren am alten Glauben fest. Zu dieser Zeit war ein Freund und geheimer Anhänger Luthers, Lorenz Döner (oder Dönerth), Pfarrer an der Johanniskirche. Aus dem Jahre 1534 gibt es einen Bericht von diesem Pfarrer über eine Beichte, die der Teufel oder ein Mensch, "der so recht des Teufels Sprache geführt hat und ein Werkzeug des Teufels war", bei ihm ablegen wollte. Selbst Luther gedenkt in seinen Schriften dieses Vorfalls und bemerkt, daß Döner auch sonst viel vom Teufel hat leiden müssen. In der Aufzeichnung über die "Teufelsbeichte" heißt es:

"Ich (Lorenz Dönerth) habe auf den heiligen Abend 1534 ... nach gehaltener Vesper auf dem Beichtstuhl gesessen ..., so ist noch einer gekommen, ein einfältiger Mensch anzusehen, aber in der Haut ein Erzbösewicht, mit einem schwarzen Rocke und einem bösen Hute auf dem Haupte, denselben hat er gar in die Augen gezogen ... und hat derart angefangen und mich gefragt: 'Herr, was haltet Ihr von der Geburt Christi?' Ich habe ihm geantwortet: 'Ich halte viel davon; denn, wie uns die heilige Schrift zeiget, hat er uns durch seine Menschwerdung, Geburt, bitter Leiden und Sterben, fröhliche Auferstehung und Himmelfahrt befreyet und erlöset vom Fluch des Gesetzes, vom ewigen Tode und Verdammniß'."

Im folgenden stellt der fragwürdige Pönitent die christlichen Grundwahrheiten über das Erlösungswerk Jesu Christi in Zweifel. "Er frage nach keiner Absolution (Lossprechung von den Sünden) oder Sacrament, er wüßte nicht, wozu es diente ... Da stand er auf von mir (Döner) und ließ einen gräulichen Gestank hinter sich, wo er aber hingekommen und wer er gewesen, weiß Gott ..."

Über den genauen Zeitpunkt der Einführung der Reformation in Staßfurt (wahrscheinlich zwischen 1539 und 1542) gibt es keine Angaben. Daß sich bis zum Jahre 1545 die Reformation in Staßfurt durchgesetzt hatte, ergibt sich aus dem Briefwechsel des Magistrats mit den Wittenberger Reformatoren. Es ging dabei um den Pfarrer Cunrad Becker (latinisiert: Pistoris), der wegen verschiedener "Ärgernisae mit Weibern" Anlaß zur Kritik bot. So wurde ihm zum Vorwurf gemacht, daß er eine Frau geehelicht habe, die bereits verheiratet war. Allerdings hatte der Pfarrer von dieser 1. Ehe seiner Frau nichts gewußt, und die Frau war der Meinung gewesen, daß ihr 1. Mann verstorben bzw. verschollen sei. Als der aber nun auftauchte, war die Bigamie eine vollendete Tatsache. Übrigens geben die Reformatoren - der Brief vom 6. May 1545 ist unterzeichnet von M. Luther D., J. Bugenhagius und Ph. Melan(ch)thon - den Rat, der Pfarrer "ist schuldig, die Frau Catarina zu behalten", weil der 1. Mann, ein gewisser Bockholt, "das Weib" sowieso nicht (mehr) haben wollte!(34)

Der Katholizismus überdauerte die Reformation nur in ungefähr 20 Klöstern, die sich in den ehemaligen Bistümern Halberstadt und Magdeburg entgegen dem Grundsatz "Cuius regio, eius religio" (Der Landesherr bestimmt die Konfession der Untertanen) behaupten konnten. Für Staßfurt war die nächste katholische Enklave das Zisterzienserinnenkloster Egeln-Marienstuhl, dessen Kirche heute zu den schönsten mitteldeutschen Barockkirchen gehört. An die Stelle des letzten katholischen Bischofs und

Kardinal Albrecht
nach dem Holzschnitt von Albrecht Dürer;
als Erzbischof erließ er 1525
eine neue Stadtverfassung (Willkür)
für Staßfurt

Landesherrn, der Halberstadt, Magdeburg und Mainz in Personalunion verwaltet hatte, traten evangelische Administratoren, die dem hohen regierenden Adel Sachsens und Brandenburgs entstammten. Der letzte bedeutende katholische Bischof unseres Gebiets während der Reformation, der Kurfürst Kardinal Albrecht von Brandenburg (1513 - 1545), war wegen seines Ablaßwesens und Reliquienkults d e r Kirchenfürst, gegen den sich Luthers Kritik, die zur Reformation führte, unmittelbar richtete.

In die Regierungszeit des Erzbischofs (Administrators) Sigismund von Brandenburg (1552 bis 1566) fällt der Altstaßfurter Hexenprozeß des Jahres 1564. Dieser gewinnt seine besondere Tragik dadurch, daß die der Zauberei (Tierverzauberung und Wetterzauber) verdächtigte Frau das gerichtliche Verfahren gegen sich selbst anstrengte, um von den gegen sie erhobenen Vorwürfen befreit zu werden. Die Justizmaschinerie wendete sich aber gegen sie und ihre Familie, so daß sie letztlich Opfer des unsinnigen Klatsches und Tratsches wurde. Im seit dem 2. Weltkrieg verschollenen Altstaßfurter Schöffenbuch fand der Fall eine ausführliche Darstellung. Einige Passagen, die das Zeitkolorit widerspiegeln, mögen sich anschließen:

"Wir Gebrüder Kersten und Paul Lüdecke und Jurge Hartmann geben für uns und unsere Erben vor der Öffentlichkeit dieses wahrhaftige Zeugnis ab und bekennen: Unsere, der Lüdeckes Mutter (richtig Schwester) und des Jurge Hardtmanns eheliche Hausfrau Margareta Ammendorf (geborene Lüdecke, verwitwete Ammendorf, wiederverheiratete Hardtmann), auch die fromme Jurgische genannt, hat vor dem gestrengen und ehrenfesten Moritz von Arnim auf Schloß Staßfurt Klage geführt wegen Beleidigung gegen zwei Frauen, die Barbara Merker und (die) Hunersottsche. Sie gab an, die Frau Merker hat, als sie in der Kirche vor versammelter Gemeinde auf ihrem Stuhl saß, folgende Worte gesagt: 'Du sitzt hier auf dem Stuhl und wärest es wert, daß man ein Feuer unter dich machte'. Die Hunersottsche behauptete, gesehen zu haben, daß sie (die Hardtmann) in ungewöhnlicher Weise im Stall unter dem Vieh ein Feuer angezündet habe. Weiter will die Hunersottsche beobachtet haben, daß die Jurgische, wenn es nach Regen aussah, in die Bode lief und sich badete. Beide beklagten Frauen glauben, daß da nicht viel Gutes zu vermuten sei und geben der Absicht kund, daß sie die Ammendorfsche der Zauberei verdächtig machen wollen...

Die Frau Merker bekräftigte ihre Aussage damit, daß das verdächtige Tun allgemein bekannt sei, auch dem Richter und den Schöffen in Altstaßfurt, und das die Klägerin schon vor langen Jahren der Zauberei mächtig gewesen sei... Zur weiteren Verstärkung ihres Berichtes warf die Merker der Jurgischen vor: Wenn sie sich der Zauberei unschuldig wußte, warum sie bei der Predigt des Pfarrers Christoffer Jacobi über Zauberei und andere Laster aus der Kirche in die Bode gelaufen sei, um sich zu ertränken...

Die Frau Ammendorf, unsere Mutter (s.o.) und meine Frau war zum Teil geständig, nämlich nur für das Tatsächliche und erklärt ihr Betragen durch die Verzweiflung infolge des Geschreis der Zauberei... Das Gericht erkennt nach diesem Verhör auf Gefangensetzung beider Teile, Klägerin und Beklagte, und wendet sich an den Schöffenstuhl in Halle und bittet um sein Urteil. Das lautet: Die beklagten Frauen sollen los und ledig sein, und unserer Mutter wird die Peinlichkeit zuerkannt, also auf die Folter gespannt. Am Dienstag, dem 1. August 1564, ist das geschehen dem Urteil zur Folge, und unsere Mutter ist als eine alte und verlebte Frau den folgenden Tag verstorben."

Die Familie der vermeintlichen "Hexe" hatte große Schwierigkeiten, um der bedauernswerten Frau ein ehrliches Begräbnis zu ermöglichen. Dafür mußten die Angehörigen unter Eid für sich und ihre Nachkommen auf alle rechtlichen Schritte verzichten und das Urteil - Zauberei durch Teufelskraft - anerkennen.

Folterszenen,
Holzschnitt aus
Ulrich Tenglers
"Laienspiegel", 1508

69

Vorbereitung
auf die Folter,
sogenannte Territion;
aus der Bamberger
Halsgerichtsordnung,
1508
↓

Im Altstaßfurter Hexenprozeß vom Jahre 1564 wurde die angeklagte Frau
des Wetter- und des Tier- (Milch)zaubers bezichtigt.
oben: Tierzauber; Holzschnitt aus Hans Vindlers "Tugendspiegel", 1496,
unten: Wetterzauber; Holzschnitt aus Ulrich Monitor "De lamiis et phitonicis mulieribus",
Reutlingen 1489.

70

Anno 1656.

Am Himmelfahrts Abend hat ein Reuther Hans Meyer aus Staßfurt gebürtig/ und der sein Quartier in Kockstedt gehabt/ zwischen Gröningen und Halberstadt mit dem Satan/ der ihm auf der Chaise fahrend/ in der Gestalt seines Obrist-Wachmeisters Klitzings begegnet/ einen Bund auf 21. Jahr/ ihm zu dienen/ gemachet/ und sich mit seinem Blute ihm verschrieben/ auch darauff einen harten Thaler von dem Satan/ in der Meynung/ daß dieser sein Obrist-Wachmeister Klitzing gewesen/ genommen/ welchen er noch selbigen Abend allhier in Gröningen unter dem Rath-Hause mit drey ihm unbekandten Reuthern auff Gesundheit des Obrist-Wachmeisters vertruncken; Worauff er es aber bald erfahren/ daß er es mit dem Teuffel zu thun habe. Er ist aber durch GOttes Gnade Anno 1678. von solcher Verbindung wieder frey worden. Wie solches mit mehren Herr Andreas Cleffel in dem Anhang seiner Seelen-Lust p. 477. 482. 518. sq. beschrieben hat.

Münzen der Stadt und des Erzstifts Magdeburg aus verschiedenen Jahrhunderten; also auch für Staßfurt gültiges Geld.

Im Gegensatz zur "Teufelsbegegnung" des Pfarrers Döner wird in dieser Geschichte eines Staßfurter Reuthers (=Reiters) der Einfluß des Volksbuchs vom Dr. Faust, Frankfurt 1587, mit einem Teufelspakt deutlich.

Aus: Historische Beschreibung der Vormahligen Residentz Gröningen von J. G. Leuckfeld, Quedlinburg 1710.

Münzen des letzten evangelischen Administrators des Erzstifts (Herzogtums) Magdeburg, Herzog August von Sachsen (bis 1680). Auf der mittleren Münze ist der Herzog abgebildet, auf der linken der hl. Mauritius als Patron des Erzbistums.

In Kalk eingeritzte Bildnisse auf der Ostseite des Domkirchhofes in Magdeburg;
Steindrucke von 1870

a) Kaiser Otto I., der im Jahre 968 das Erzbistum Magdeburg gründet, mit seinen beiden Frauen Editha und Adelheid.
b) 3 Magdeburger Erzbischöfe

Seit dem Jahre 1277 waren die Magdeburger Erzbischöfe die Landesherren der Stadt Staßfurt.
Altstaßfurt gehörte dagegen schon immer zu Magdeburg.

Die drei Erzbischöfe sind von rechts nach links: Walthard 1012, Gero 1012-1023, Hunfried 1023-1051.

72

Die Moritzburg in Halle
war die bevorzugte Residenz
vieler Magdeburger
Erzbischöfe;
Ansicht um 1600

Der Magdeburger Dom,
um 1840

Standbild des hl. Mauritius,
Patron des Erzbistums
Magdeburg
im Halberstädter Dom,
1513

Das ehemalige Prämonstratenserkloster Unserer lieben Frauen zu
Magdeburg.
Der hl. Norbert, Erzbischof von Magdeburg, brachte den von ihm gegründeten
Chorherrenorden der Prämonstratenser
nach Mittel- und Ostdeutschland

Grabanlage des hl. Erzbischofs
Norbert in der Klosterkirche
Unser lieben Frauen;
Die Freilegung erfolgte im Rahmen einer
umfassenden archäologischen
Dokumentation in den
Jahren 1973 bis 1977

Der hl. Norbert, Erzbischof von Magdeburg von 1126 bis 1134;
Stahlstich des 19. Jahrhunderts

Friedrich von Wettin
Erzbischof 1142 bis 1152;
Bronzegrabplatte im Magdeburger Dom

Wichmann von Seeburg
Erzbischof von 1152/4 bis 1192;
Bronzegrabplatte im Magdeburger Dom

Bronzegrabmal des Erzbischofs Ernst (1476 - 1513) im Dom zu Magdeburg
von Peter Vischer d.Ä.; Kupferstich von 1702, Lithographie ca. 1845

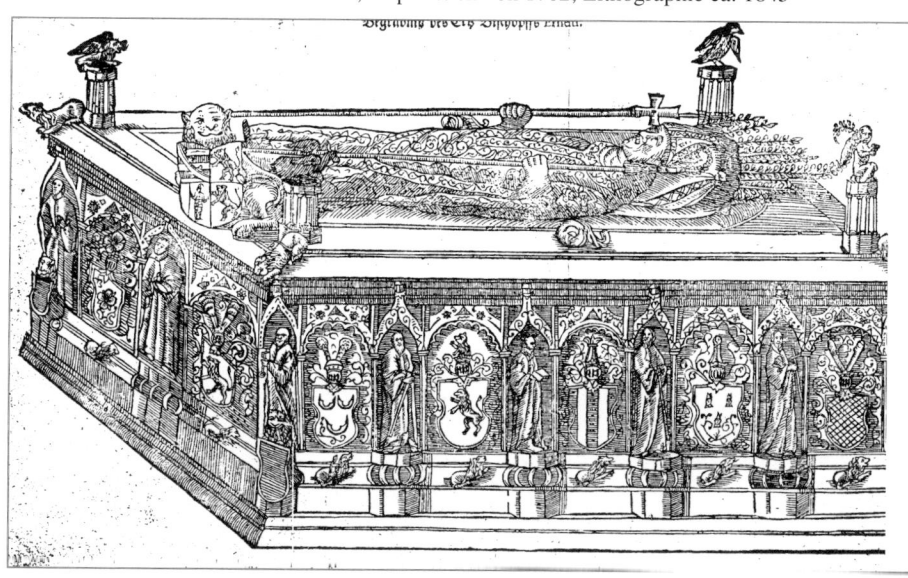

Otto von Hessen
Erzbischof von 1327 bis 1361;
Grabstein im
Magdeburger Dom

Die sieben Kurfürsten;
Miniatur aus dem
"Codex Balduini Trevirensis", um 1340.
Der Kardinal Albrecht,
Staßfurts Landesherr von 1513 - 1545,
war als Erzbischof von Mainz
(Magdeburg und Halberstadt) einer
der drei geistlichen Kurfürsten, die den
deutschen König wählten

Kardinal Albrecht von Brandenburg
(als Erzbischof von Magdeburg Albert V.)
in der Pose des hl. Hieronymus im Gehäus;
Gemälde von Lucas Cranach d.Ä.

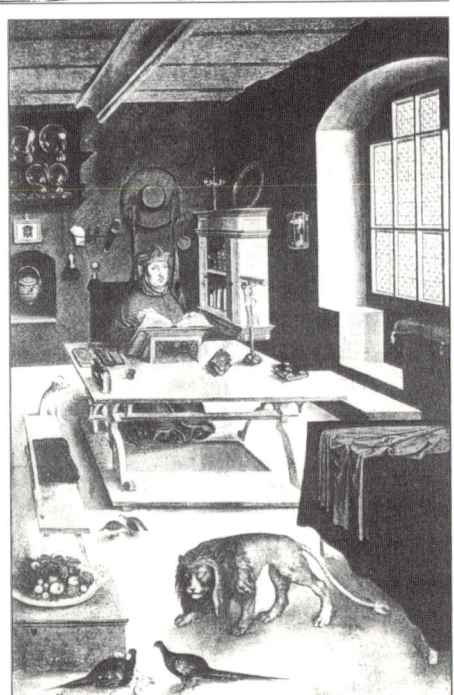

Siegel des Domkapitels und des Erzstiftes Magdeburg

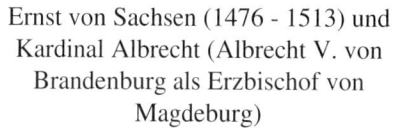

Ernst von Sachsen (1476 - 1513) und
Kardinal Albrecht (Albrecht V. von
Brandenburg als Erzbischof von
Magdeburg)
Kupferstich um 1750 nach einer älteren Vorlage

Der Halberstädter Dom,
um 1800

Standbild des hl. Stephanus,
Patron des Bistums Halberstadt,
um 1430;
Halberstädter Dom

In dem Bigamiefall
des Pfarrers Cunrad Becker (Pistorius)
rief der Magistrat der Stadt Staßfurt die
Wittenberger Reformatoren Luther,
Bugenhagen und Melanchthon
als geistliche Autoritäten an

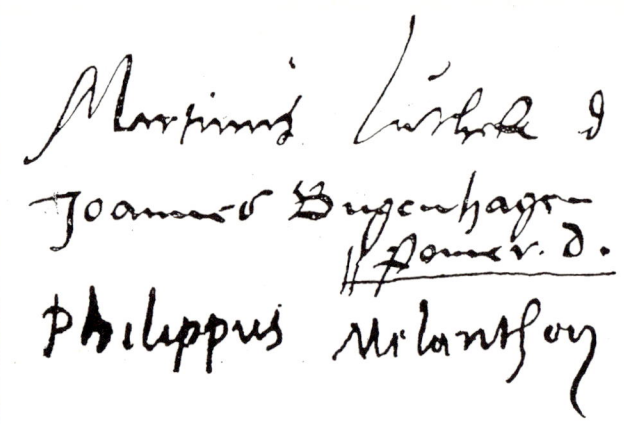

Martin Chemnitz (Chemnitius),
"Die schon im Jahre 1564 auf dem Landtage
zu Magdeburg beschlossene Visitation und
Reformation der Klöster und der Geistlichen
im Erzstifte Magdeburg und im Stifte Halberstadt wurde im Jahre 1565 von dem
berühmten Theologen Dr. Martin Chemnitz,
Prediger in Braunschweig, vorgenommen."
(Geißsche Chronik)

Reformatorengruppe,
von einem Gemälde Lucas Cranachs d.J., 1558;
1. von rechts Melanchthon, 5. Bugenhagen und 6. Luther

Halle/Saale,
Kupferstich aus
J. Chr. Dreyhaupt: Beschreibung des Saalkreyses, 1755.

Unsere Heimat im Dreißigjährigen Krieg

Die Zeit des Dreißigjährigen Krieges (1618 bis 1648) ist durch die Aufzeichnungen des Pfarrers Möser von St. Johannis lebendig geblieben. (2) (20)

Da Staßfurt in einem Brennpunkt der Kriegshandlungen lag, mußte es ab 1625 die häufig wechselnden kaiserlich-katholischen und schwedisch-protestantischen Besatzungsheere erdulden. Die Kaiserlichen ließen einen Regimentsquartiermeister Wolf Leonhard Föckler (oder Förkler) zurück. Dieser sollte einerseits die Kontributionen (Kriegsabgaben) eintreiben, andererseits aber auch die Stadt in Schutz nehmen. Er scheint sich in Staßfurt recht wohl gefühlt zu haben. 1627 heiratete er die Tochter des Stadtvogts Hans von der Tanne. Nach der Eroberung Magdeburgs durch den Führer der katholischen Liga Tilly im Jahre 1631 sandte Föckler seiner Frau den erbeuteten "Papagoyen" (Papagei) aus der Magdeburger Apotheke als aufsehenerregendes Geschenk.

Während seiner Anwesenheit in der Stadt hielt er ein strenges Regiment - so wurden z.B.

Graf von Tilly
1631 in Staßfurt

mehrere Todesurteile für Mord und Diebstahl vollstreckt - und war um "law and order" für jedermann bemüht. Besonders spektakulär lief die Hinrichtung des Müllers Heinrich Krempe ab, der, obwohl er mehrere Morde auf dem Gewissen hatte, im Sinne moderner Justiz sehr grausam "vom Leben zum Tode befördert wurde": Er bekam vier Kniffe mit glühenden Zangen, dann wurden ihm Arme, Beine und Hals mit dem Rade ab- und entzweigestoßen, und schließlich wurde er geviertelt.

Verschiedentlich hat Föckler verhindert, daß Kroaten und andere kaiserliche Truppen Staßfurt brannten (brandschatzten) und plünderten.

Im Hause des Bürgermeisters Bernhard von Werdensleben (heutiges Theater) haben bedeutende Heerführer und Staatsmänner beider Kriegsparteien, der kaiserliche Feldherr Tilly, der schwedische Reichskanzler Oxenstierna und der schwedische Feldmarschall Banér, Aufnahme gefunden. Auch Graf Pappenheim bezog mit seinen kaiserlichen Reiterregimentern im Mai 1631 hinter

Die Schrecken des 30jährigen Krieges;
zeitgenössisches Flugblatt

Altstaßfurt ein Feldlager. Bereits im September dieses Jahres rückten aber schwedische Truppen heran. Möser verzeichnete: "Anfangs war hier beim Volk großer Jubel, daß es schwedische Reiter (und damit evangelische Glaubensbrüder) sah; gar bald aber verwünschte und verfluchte es diese Betrüger."

Von der Schlacht bei Lützen (November 1632) erhielten die Staßfurter Nachricht durch zwei in Hecklingen gefangen genommene Diener Pappenheims. Der eine von ihnen war noch mit vielem Blut befleckt. Er gab an, daß er den tödlich verwundeten Reitergeneral in seinen Armen gehabt und in die Kutsche getragen habe. Von dem Tod des Schwedenkönigs Gustav Adolf, der ebenfalls bei Lützen fiel, wußten sie noch nicht.

Über das Jahr 1636 schreibt Möser: "Um diese Zeit hausen die Soldaten und Reiter schändlich auf den Dörfern, fallen alle Tage ein, brechen Kirchen und Gewölbe auf, unter andern zu Förderstedt, rauben alles, verschonen auch die Altäre nicht, plagen und ängstigen die Leute auf's Unerhörteste." Zu allen diesen Drangsalen gesellte sich noch die Pest. Allein im Mai 1636 kamen in Staßfurt 116 Todesfälle vor, im ganzen Jahr 617. Überall herrschten Armut und Hungersnot. Möser berichtet: "Ich sah von einer Magd eine Katze von Altstaßfurt herein in die Stadt tragen für die Soldaten, weil diese Hunde und Katzen wegfraßen, wo sie derselben nur habhaft werden konnten." In Wolmirsleben zogen 6 schwedische Reiter den Schulmeister Eberhard Reinecke vom Kirchturm herunter und gaben ihm in Pommers Hofe dreimal den ekligen Schwedentrunk (Jauche) ein. Von anderen Orten hören wir, daß die Unholde Menschen in Backöfen brieten, Kinder an die Tür nagelten und mit Pistolen nach Ihnen schossen.

Das Jahr 1644 wurde noch einmal ein recht schlimmes für das Magdeburger Land. Darüber war im Altstaßfurter Schöppenbuch zu lesen:

"Anno 1644 am 4. September ist allhier vor Staßfurt die kaiserliche Armada ankommen. Der General Gallas hat zwo Tage allhier gelegen und ist dann von hier auf Bernburg gezogen und allda gelegen gegen die schwedische Armada ... Ist in der Zeit allhier wie auch anders wo alles verderbet und verzehrt an Vieh, Korn, Bier, das die Menschen fast haben müssen Hungers sterben ... Ist an diesem Orte Alten Staßfurt nicht ein einziges Haus geblieben und nicht so viel Holz, daß man hätte ein Essen Fische aus der Boden kochen (können)... Gott behüte uns ferner vor Krieg und teurer Zeit."

Die Pest,
Kupferstich, Paris,
Ende des 16. Jahrhunderts

Kaiser Ferdinand II. (1619-1637)

erließ am 6.3.1629 das Restitutionsedikt, das den geistlichen Besitzstand des Jahres 1552 wiederherstellen sollte. Damit wäre unser Gebiet wieder unter einen katholischen Landesherren gekommen. Durch das Eingreifen der protestantischen Schweden unter König Gustav Adolf in den 30jährigen Krieg 1630 wurde das verhindert und im Westfälischen Frieden 1648 für die geistlichen Besitzstände der 1.1.1624 als "Normaljahr" festgelegt.

Graf Johann von Tilly;
Kupferstich von P. de Jode nach einem Gemälde von A. van Dyck;
Tilly weilte 1631 in Staßfurt

Matthias Graf von Gallas (1584-1647)
kaiserlicher General,
hielt sich 1644 vor Staßfurt auf, danach im Heerlager bei Bernburg, von den Schweden durch die Saale getrennt.

Graf Gottfried Heinrich von Pappenheim;
kaiserlicher Reitergeneral,
bezog vor der Schlacht bei Lützen,
in der er fiel (1632)
ein Lager bei Staßfurt

Graf Axel Oxenstierna;
schwedischer Reichskanzler,
residierte während des Krieges
mehrfach in Staßfurt.
Pastell von D. Dumonstier, 1633

Johan Banér (Banner),
(1596 - 1641),
schwedischer Feldmarschall;
hielt sich in Staßfurt in den Jahren
1635 und 1636 auf.
Kupferstich

L. Torstenson (1603 - 1651);
schwedischer Feldherr,
nach Banérs Tod wurde er
schwedischer Oberkommandierender.
Er bezog am 13.3.1636
in Staßfurt Quartier.
zeitgenössischer Kupferstich

Johann Ludwig Hektor Graf von
Isolani (1586-1640),
als kaiserlicher General im Dreißigjährigen
Krieg Führer der Kroaten;
Kupferstich und Radierung von
B. Moncornet.
Kunstsammlungen der Veste Coburg.
In den Jahren 1630 sowie 1637 und 1638
operierten Kroaten in Staßfurt
und Umgebung.

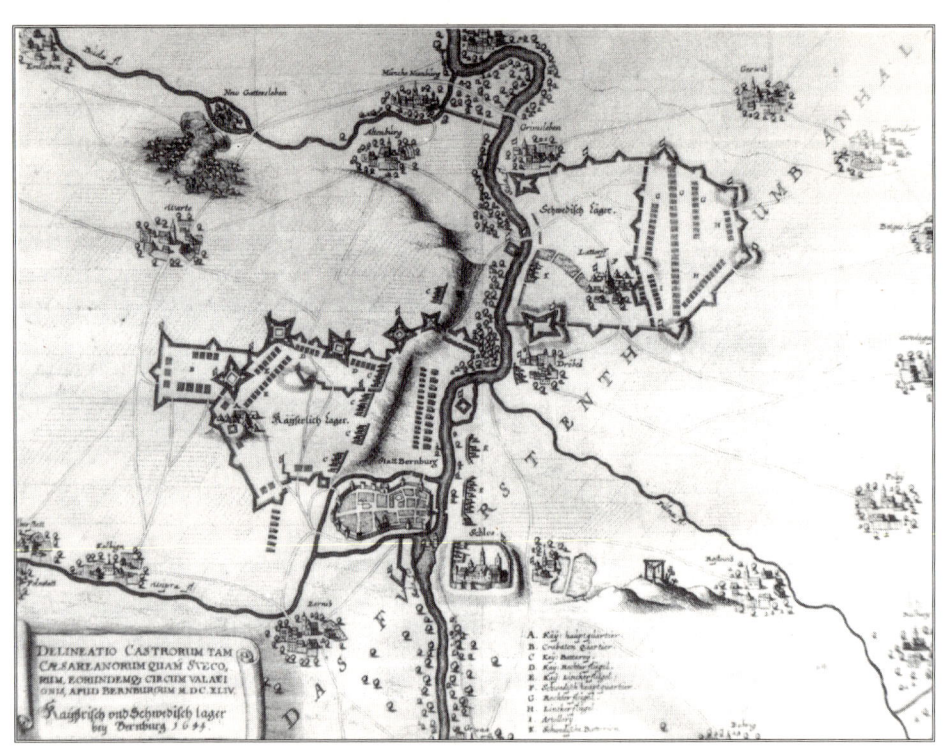

Kaiserliches und schwedisches Heerlager bei Bernburg
im Jahre 1644,
zeitgenössischer Kupferstich

MAGDEBVRGVM.

ALBIS FLVVIVS

Die Elbe Flu.

Eroberung von Magdeburg durch Tilly im Mai 1631;
nach dem Kupferstich von Matthäus Merian, Frankfurt am Main 1644

Szenen aus dem 30jährigen Krieg,
links Vergewalti-
gung,
rechts Schnapphähne
(Wegelagerer);
Radierungen
von
Ulrich Franck,
1645

Der Brand Magdeburgs nach der Eroberung durch Tilly am
10. Mai 1631;
Lithographie um 1840

Bericht über die Belagerung und Eroberung
der Stadt Magdeburg durch Tilly;
1631

Enthauptung;
Holzschnitt im "Weißkunig",
Anfang des 16. Jahrhunderts

Galgentod
Holzschnitt im "Theuerdank", Anfang 16. Jhdt.

← Rädern
Holzschnitt, Luzern 1548

Hinrichtungsarten,
aus Samuel Clarkes Martyrology,
London 1651

Satirischer Einblattdruck auf das Kreditwesen im Dreißigjährigen Krieg, 1637

Die Geldknappheit und allgemeine Verarmung nach dem 30jährigen Krieg wird satirisch in das Blickfeld gerückt;
Einblattdruck um 1650

Flugblatt gegen
die Kipper und Wipper;
1622;
Kipper und Wipper:
Münzherren und -pächter im
16. und 17. Jahrhundert, die
gutes Geld einschmolzen
und in geringhaltigeres
umprägten

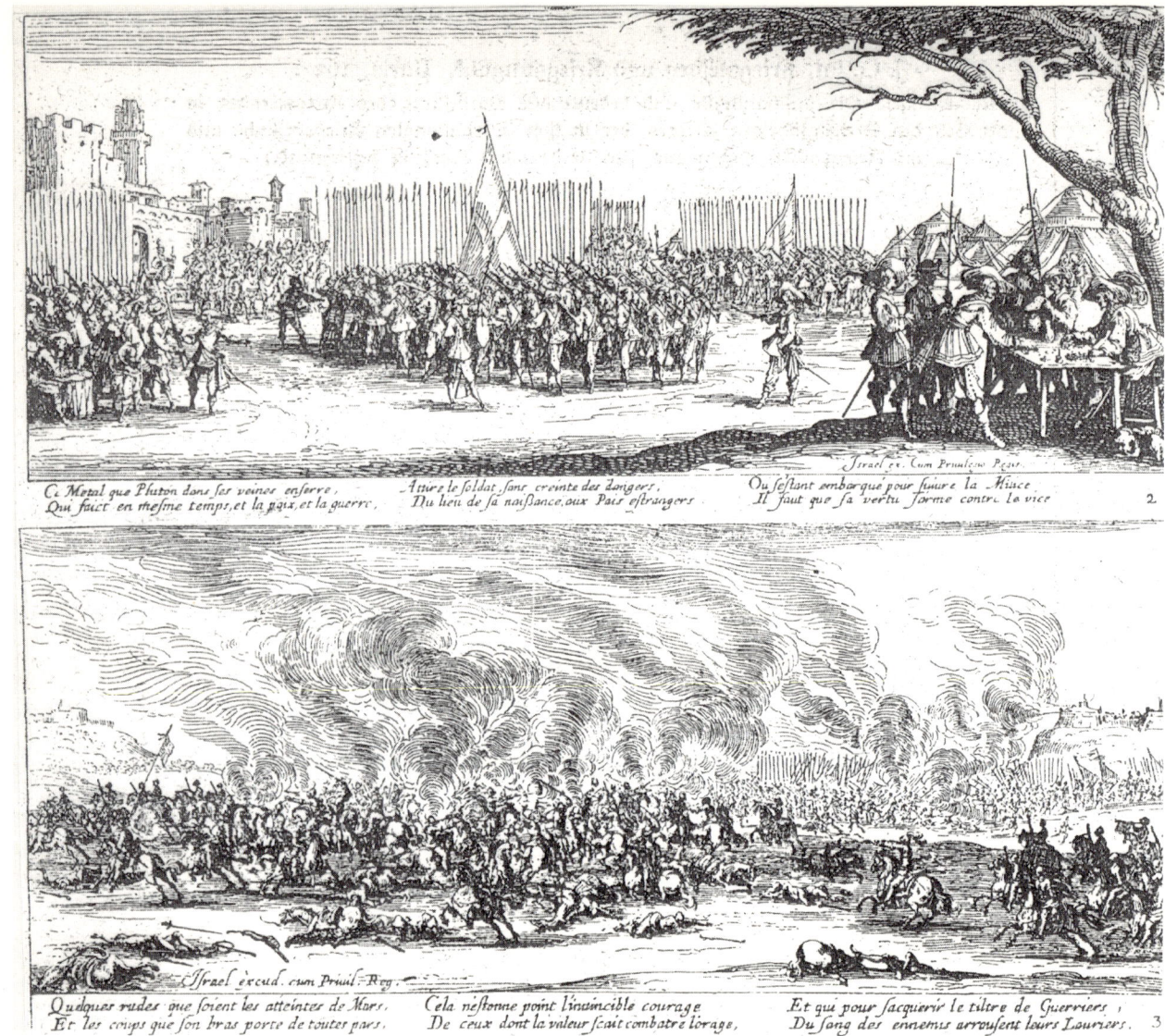

Ce Metal que Pluton dans ses veines enserre,   Attire le soldat sans crainte des dangers,   Ou s'estant embarqué pour suiure la Milice
Qui faict en mesme temps, et la paix, et la guerre,   Du lieu de sa naissance, aux Pais estrangers,   Il faut que sa vertu forme contre le vice   2

Quelques rudes que soient les atteintes de Mars,   Cela n'estonne point l'inuincible courage   Et qui pour s'acquerir le tiltre de Guerriers,
Et les coups que son bras porte de toutes pars,   De ceux dont la valeur sçait combatre l'orage,   Du sang des ennemis arrousent leurs Lauriers.   3

Kriegsleiden und Kriegsunglück,
Radierungen von J. Callot, Paris 1622;
Diese Bildfolge ist die anschaulichste und bedeutendste Darstellung des Kriegselendes während des Dreißigjährigen Krieges.
Die Anwerbung der Truppen; Die Schlacht

92

Ces courages brutaux dans les hosteleries.
Du beau nom de butin couvrent leurs voleries ;

Ils querelent expres ennemis du repos,
Pour ne payer leur hoste, et prennent usquaux pots.

Ainsi du bien dautruy leur humeur saccommode
Quand on les a soulex, et servis a leur mode. 4

Israel ex. Cum Privil. Reg.

Voyla les beaux exploits de ces cœurs inhumains
Ils ravagent par tout rien n'echappe à leur mains

L'un pour auoir de lor, tauente des supplices,
L'autre à mil forfaicts anime ses complices ;

Et tous d'vn mesme accord commettent mechamment
Le vol, Le rapt, Le meurtre, et le violement. 5

Israel ex. Cum Privil. Reg.

Die Plünderung,
Die Plünderung auf einem Bauernhof

Ceux que Mars entretient de ses actes meschans
Accommodent ainsi les pauures gens des champs

Ils les font prisonniers ils bruslent leurs villages,
Et sur le bestail mesme exercent des rauages,

Sans que la peur des Loix non plus que le deuoir
Ny les pleurs et les cris les puissent esmouuoir. 7

A l'escort des forests, et des lieux solitaires
Bien loing de l'exercice et des soings militaires.

Ces infames Voleurs viuent en Assassins
Et leur bras tout sanglant ne se plaist qu'aux larcins

Tant ils sont possedez d'une cruelle enuie
D'oster aux Voyageurs et les biens et la vie.

8

Zerstörung und Verbrennung eines Dorfes,
Der Überfall auf die Kutsche

Que du pauure soldat deplorable est la chance!   *Alors il est contraint de sen aller gueusant.*   *Qui maudit son abord, et tient pour vne iniure*
Quant la guerre finit, son mal-heur recômence;   *Et sa mendicité faict rire le paisant,*   *De voir l'obiet presant des peines quil endure.*   16

Apres plusieurs degast par les soldats commis,   *Les guettent à lescart et par vne surprise*   *Et se vengent ainsi contre ces Malhoureux*
A la fin les Paisans, quils ont pour ennemis   *Les ayant mis à mort les mettent en chemise,*   *Des pertes de leurs biens, qui ne viennent que d'eux.* 17

Die Sterbenden am Straßenrand,
Die Rache der Bauern

Badeleben bei den Heilquellen von Hornhausen;
Nach der Geißschen Chronik nahmen auch in Staßfurt weilende Feldherren die Hornhäuser Quellen in Anspruch.
Diese wurden auch das Vorbild für den Rathmannsdorfer Kurbetrieb, der aber insgesamt kleiner ausfiel.
Kupferstich aus: Theatrum Europaeum, V. Teil, Frankfurt a.M, 1651

Kupferstich auf den Westphälischen Frieden 1648;
der Postreiter verbreitet die Nachricht im Hl. Römischen Reich Deutscher Nation

Groß Salze,
nach Merian, um 1650

Der große Kurfürst,
Friedrich Wilhelm von
Brandenburg-Preußen,
besuchte Staßfurt in den
Jahren 1674 und 1675.
Im letzteren Jahr kam es
wenige Tage nach
dem Biwak in Staßfurt
zu der entscheidenden
Schlacht bei Fehrbellin.
In der Begleitung des
Kurfürsten waren
der Feldmarschall Derfflinger
und der Prinz von Homburg.

Kurfürst Friedrich Wilhelm
von Brandenburg-Preußen (1620/40 - 1688),
bekam im Westfälischen Frieden von 1648
die Anwartschaft auf unser Gebiet (das ehemalige
Erzbistum Magdeburg) zugesprochen. Erst nach dem
Tod des letzten evangelischen Administrators August
von Sachsen (1680) konnte er aber das frühere Erzstift
mit Brandenburg vereinigen.

Administrator
August von Sachsen

Der Prinz von Homburg zu späterer Zeit;
Der Prinz war auch in unserer Gegend als
"Großgrundbesitzer" mit ausgedehnten Ländereien
ansässig. Das Vermögen seiner um 30 Jahre älteren
schwedischen Frau ermöglichte ihm den Ankauf der Ämter
Neustadt/Dosse, Weferlingen, Hötensleben und Winningen

Georg von Derfflinger, brandenburgischer Generalfeldmarschall; Kommandant der preußischen Truppen in der Schlacht von Fehrbellin, Homburgs Vorgesetzter

Der Prinz von Homburg
zur Zeit seiner brandenburgischen Dienste;
Einer Legende zufolge, die Heinrich von Kleist in seinem Drama
"Der Prinz von Homburg" aufgegriffen hat, habe der Prinz zwar in
der Schlacht von Fehrbellin gesiegt, aber eigenmächtig gehandelt.
Das daraufhin ausgesprochene Todesurteil sei schließlich nach
einigen Verwicklungen vom Großen Kurfürst auf dem Gnadenwege
aufgehoben worden.

Staßfurt unter brandenburgisch-preußischer Herrschaft

Im Westfälischen Frieden 1648 wurden das Hochstift Halberstadt und das Erzstift Magdeburg dem Kurfürsten von Brandenburg zugesprochen. Während Halberstadt sofort an Brandenburg fiel, blieb durch eine Sonderbestimmung im Erzstift Magdeburg noch das Regime des Administrators (Bistumsverwalters) Herzog August von Sachsen bis zu dessen Tode am 14. Juni 1680 erhalten. Erst dann konnte Kurfürst Friedrich Wilhelm, der "Große Kurfürst", das jetzt Herzogtum Magdeburg genannte Gebiet für Brandenburg annektieren(29). Zu dieser Zeit amtierte an der Staßfurter Johanniskirche Magister (Dr.) Petrus Theodorus Seelmann, von 1680 bis 1685 als Diaconus (2. Pfarrer) und von 1685 bis 1702 als Oberprediger. Er gehörte zu den Ungarnflüchtlingen, die im Zuge der Gegenreformation wegen ihres protestantischen Glaubens das Habsburger Reich verlassen mußten. Sein Vater war 1675 als Pfarrer in das benachbarte Groß-Salze gekommen, während er in Halle Theologie studierte. Über F. Th. Seelmann wird berichtet, daß er zu überlangen Predigten neigte! Dieses Problem scheint damals bei vielen Geistlichen bestanden zu haben, was extra angestellte "Aufwecker" für eingeschlafene Gottesdienstbesucher notwendig machte.

Von Staßfurt wechselte Seelmann für kurze Zeit an die Magdeburger Heiliggeistkirche (1702 - 1706) und war dann von 1706 bis 1730 in Hamburg als senior ministerii - in der heutigen Rangordnung als Landesbischof - tätig. (Daß J. S. Bach nicht als Nachfolger des berühmten J. A. Reinken den Platz an der Orgel der Hamburger St. Katharinenkirche einnahm und damit seiner mitteldeutschen Heimat erhalten blieb, geht auf die Einflußnahme Seelmanns bei dem Berufungsverfahren zurück.)

Nachdem die Kurfürsten von Brandenburg 1701 den Titel "Könige in Preußen" annahmen, war Staßfurt also eine preußische Stadt geworden. Das blieb so bis zum Ende des 2. Weltkrieges 1945. Nur in den Jahren von 1807 bis 1813 wurde unser Gebiet dem Königreich Westfalen mit der Hauptstadt Kassel einverleibt, das Napoleon für seinen jüngsten Bruder Jérome ("König Lustik") einrichtete. Am 5. Mai 1809 machte der Freiheitsheld Major v. Schill mit seinem Freikorps in Staßfurt Station, ehe es zu dem blutigen Gefecht bei Dodendorf zwischen ihm und westfälischen und französischen Regimentern kam. Das Königreich von Napoleons Gnaden wurde in Staßfurt am 14. Mai 1813 durch die Kosaken des russischen Generals Graf Tschernitscheff hinweggefegt. Die Bevölkerung begrüßte die Russen d a m a l s herzlich als Befreier und bewirtete sie unter den Bäumen vor dem Aschersleber Tor (heute Luisenplatz). (25)

Nachdem Preußen auf dem Wiener Kongreß 1814/15 erheblichen Gebietszuwachs verbuchen konnte, wurde das Königreich durchgehend in Provinzen gegliedert. So kam Staßfurt am 1. April 1816 endgültig zum Regierungsbezirk Magdeburg in der preußischen Provinz Sachsen, zu der noch die beiden anderen Regierungsbezirke Merseburg und Erfurt gehörten.

Die den 3 Regierungsbezirken übergeordnete Provinzialregierung Sachsens mit einem Oberpräsidenten an der Spitze hatte ihren Sitz (neben der Verwaltung für den Regierungsbezirk Magdeburg) in Magdeburg (8). Das ist die historische Begründung, die für Magdeburg - vor Halle - als Hauptstadt des Bundeslandes Sachsen-Anhalt sprach. (Als Kuriosität sei noch vermerkt, daß die Nazis für ihren "Gau" Sachsen-Anhalt Dessau als Hauptstadt wählten.)

Wiener Kongreß 1815;
am 9. Juni 1815 wurde die Schlußakte unterzeichnet. Im Gefolge dieser Neuordnung wurde die preußische Provinz Sachsen mit den Regierungsbezirken Magdeburg, Merseburg und Erfurt sowie der Hauptstadt Magdeburg begründet.

Jérome Napoleon →
Napoleons Bruder und von seiner Gnade
König von Westphalen.
Von 1807 - 1813 gehörte Staßfurt
zu diesem Königreich, dessen
Hauptstadt Kassel war.

Marschall Ney →
zu dem in Schönebeck residierenden
Marschall nahm der Staßfurter
Oberbürgermeister von Willisen
1806/07 Verbindung auf, wobei es um
"Kriegskontributionen" ging.

↑ Jean-Baptiste Bernadotte,
französischer Marschall,
residierte im Oktober 1806 in Bernburg.
Geiß schreibt: "...dem Oberbürgermeister
von Willisen wurde für seine Person eine
Sauvegarde versichert und zugleich aufgegeben, sofort 30000 Pfund Brot backen zu
lassen und in das Hauptquartier des Prinzen von Ponte Corvo (Bernadotte) nach
Bernburg zu schicken." Bernadotte wurde
vom schwedischen Reichstag 1810 zum
Thronfolger gewählt und damit "Stammva-
ter" der heute noch regierenden Dynastie.

← General Berthier
hielt sich im Oktober 1806
in Aschersleben auf.
Wir finden dazu in der Geißschen Chronik:
"... so gingen den 20. Oktober drei Deputir-
te ...nach Aschersleben. Sie kamen bald
zurück und überbrachten dem Rittmeister
von Willisen (letzter adeliger Staßfurter
Oberbürgermeister) ein Antwortschreiben
des kommandierenden Generals Berthier,
nach welchem aber nur dem pp. von Willisen für seine Person eine Sauvegarde
(Schutzbrief) versichert wurde..."

General Maison
"Seit dem 13.4.1813 sind von den bei Güsten, Giersleben und Aschersleben cantonierenden beiden französischen Divisionen Maison und Rochambeau an die Communen unseres Cantons folgende Requisitionen gemacht:
von der Division Maison am 13.4. 6000 Rationen Brot, 6000 Rationen Fleisch, 1000 Rationen Fourage (Pferdefutter) usw." nach Geiß

Eugène de Beauharnais, Herzog von Leuchtenberg und Vizekönig von Italien; Napoleons Stief- und Adoptivsohn
"Den 8.April 1813 kam der Vizekönig von Italien mit dem ganzen Generalstabe und einem bedeutenden Gefolge hier (in Staßfurt) an...
Außer Sr. Kaiserlichen Hoheit dem Vicekönig von Italien befinden sich

hier über 20 Divisions- und Brigade-Generale, über 40 Obersten, einige hundert Offiziere mit ihren Domestiken, eine große Anzahl Garden, Gensdamerie und Artillerie und 12000 (?) Pferde...
Der Vicekönig ließ gleich bei seiner Ankunft so drohende Proclamationen austeilen, daß man seines Lebens nicht mehr sicher war... Zum großen Glücke ging den 12. April das Hauptquartier fort."
(nach Geiß)

Wappen und Münzen
des Königreichs Westphalen
unter Jérome

Napoleon Bonaparte
zeitgenössischer Stahlstich von Carl Mayer

Im Juli 1813 reiste Napoleon
von Magdeburg über Bernburg nach Erfurt.
In Atzendorf war Pferdewechsel vorgesehen,
und der Canton-Maire von Staßfurt mußte dort erscheinen
und seinen Canton vertreten.
Das halbe Staßfurt war natürlich auf den Beinen,
um sich diesen einstigen Welteroberer anzusehen.
Ein Augenzeugenbericht von dieser Begegnung sagt:
"Er (Napoleon) saß zurückgelehnt im Wagen, ein kleiner
schwarzer (schwarzhaariger) Mann. Denen,
die mit ihm gesprochen, hatte neben dem imponierenden festen
Blick auch die verbindliche Freundlichkeit großen Eindruck
gemacht, und der glühende Haß, mit dem sie
(die Staßfurter Schaulustigen) gekommen waren,
zerschmolz in Bewunderung
vor der gewaltigen Persönlichkeit!"
(nach Geiß und Jahr)

Napoleon mit seinen Generälen
nach einem kolorierten Stich

Herzog Friedrich Wilhelm von Braunschweig-Öls, der sogenannte
"schwarze Herzog", am 1. 8. 1809 im Biwak

Ungefähr gleichzeitig mit Schill zieht der Herzog Friedrich Wilhelm von Braunschweig (1771 - 1815) von seinen Besitzungen in Schlesien zur Rückgewinnung
seines Herzogtums aus. Sein Freikorps
durchquert - ähnlich dem Schillschen und
dem Lützower - unsere Gegend und
erstürmt Halberstadt, worauf er in Braunschweig einzieht. Der Übermacht der mit
Napoleon Verbündeten muß der Herzog
mit seiner schwarzen Schar weichen und
geht nach England.

Ferdinand von Schill 1808/09,
Radierung von K.L. Buchhorn;
Schill weilte mit seinem Freikorps am 5.5. 1809 in Staßfurt.

Die Kosaken wurden von den Bürgern allgemein als Befreier
vom napoleonischen Joch begrüßt.
In Staßfurt bewirtete man die Russen unter General Graf Tschernitscheff
vor dem Ascherslebener Tor (heute Luisenplatz)
Gouache von H. Cotta, 1813
Kosaken mit dem Ataman W. Platow, 1813

Graf Tschernitscheff,
russischer Kosakengeneral;
am 14. 3. 1813 in Staßfurt

Die Saline und die adlige Pfännerschaft

Der Staßfurter Salinenbetrieb findet zum erstenmal urkundliche Erwähnung im Jahre 1174. Graf Hermann von Orlamünde bestätigt die Schenkung seines Vaters, des Markgrafen Albrecht des Bären, an das Augustinerchorherrenstift Hamersleben bei Oschersleben, bestehend aus einer Saline mit 2 Pfannen zum Eindampfen von salzhaltigem Brunnenwasser im Gebiet des Meierhofes, welcher Staßforde genannt wird. (32) Auch das Benediktinerinnenkloster Hecklingen stand zur Staßfurter Siedesalzgewinnung in lebhafter Beziehung. In der ehemaligen Berginspektion befand sich ein weibliches Porträt, das nach der später aufgebrachten Inschrift Anna von Schladen, "Äbtissin zu Hecklinge", aus einem Staßfurter Adelsgeschlecht darstellen sollte, "welche den Staßfurtischen Saltzbrunnen hat helffen erbauen 1452". Diese Angabe ist aber historisch nicht belegbar.

"Der Aufschwung des Salzwerks in alter Zeit hatte viele Adlige nach Staßfurt gezogen.

Durchlauchtigsten Fürsten und Herren Herrn Friderichen, Herrn Friderich Ernsten Herrn Friderich Christian, und Herrn Carl Wilhelm Friderichen, allen Marggrafen zu Brandenburg, und deren Männlichen Leibes- und Lehns-Erben, von Unterthänigkeit wegen, getreu, gewärtig und gehorsam zu seyn, Sr. Königl. Maj. Nutzen und Bestes nach äusserster Möglichkeit befodern, Nachtheil und Schaden aber, so viel an [...] ist, warnen, verhüten und abwenden, auch die Lehn zu verdienen, und die Lehn nirgends anderswo zu verrechten, dann von Sein.r Königl. Majestät oder Deroselben Mannen, und ob [...] verschwiegene Lehn wüste [...] oder hernachmahls erführe, solche Seiner Königl. Majestät zu vermelden, und alles das zu thun, das ein getreuer Lehn-Mann und Unterthan seinem Erb- und Lehn-Herrn zu thun schuldig und pflichtig ist.

VERBA JURAMENTI.

Ich Carl August von Schladen

Huldige, Gelobe und Schwöre, [...]

[...]

daß ich alles und jedes, was mir ietzo vergelesen, und ich wohl verstanden habe, stet, fest, und unverbrüchlich halten wollen [...] Getreulich ohne alle Gefehrde, so wahr [...] Gott helffe, um Christi willen.

Lehnseid des Carl August von Schladen aus dem Jahre 1741

Zu der Zeit, ab welcher wir gesicherte Nachrichten haben, war das Salzwerk bereits völlig ion adligem Besitz. Der Adel besetzte ab 1485 alle 12 Magistratsstellen, wobei der Rat der Stadt aus dem Bürgermeister, dem Kämmerer, den beiden Ratsmännern und weiteren 8 Mitgliedern bestand. (Der letzte adlige Oberbürgermeister, der Freiherr v. Willisen, starb im Jahre 1807.) Die Junker hatten als Lehnsleute durch Erbpacht, auch durch Kauf oder Erbschaft ihre Rechte an den Koten (Siedehäuser bzw. -hütten), an der Sole (salzhaltiges Brunnenwasser) und am Versieden derselben erworben. Sie vereinigten sich zur adligen Pfännerschaft, an deren Spitze die Salzgrafen standen. Diese "Gewerkschaft" fand beim Verkauf des Salzwerkes an den preußischen Fiskus 1797 ihr Ende." (32)

Besonders vom 15. bis 17. Jahrhundert waren bekannte mitteldeutsche Adelsgeschlechter in Staßfurt vertreten. Eine Auswahl möge das bestätigen: v. Arnstadt, v. Angern, v. Biedersee, v. Dies(ß)kau, v. Halke, v. Hacke, v. Krosigk, v. Katte, v. Kotze, v.Kamecke, v. Kleist, v. Lippe, v. Lethmat(e), v. Legat, v. Maltitz, v. Pflug, v. Schlanewitz, v. Schladen, v. d. Schulenburg, v. Staupitz, v. d. Tanne, v. Trotha, v. Weddingen, v. Wolfersdorff, v. Werdensleben (Wartensleben) und v. Zinke. (7, 12) Die Salzkote wurden mit Namen belegt, die auf die Wappen der Erstbesitzer zurückgingen und auch erhalten blieben, wenn der Inhaber wechselte. Diese Wappenbilder waren an der Außenwand jedes Kotes ange-

bracht. "So wurde z. B. das Kot 'die Tanne' nach dem Wappen der Herren v. d. Tanne benannt. Das Kot 'der Löwenkopf' und das Kot 'zu den 3 Lilien' gehörten früher denen v. Legat, die im Wappen elnen mit Lilien besteckten Löwenkopf führten. Die Kote 'der weiße, schwarze und gelbe Fuchs' sowie der 'Rohrbusch' erhielten ihre Namen nach dem Wappen des Geschlechts v. Werdensleben, in dem übereinander 3 aus Buschwerk hervorbrechende Füchse dargestellt sind. Das Kot 'die Bischofsstäbe' gehörte der Familie v. Schladen, in deren Wappen sich zwei gekreuzte Bischofsstäbe finden. Das Kot 'der Rautenkranz' empfing seinen

Namen nach dem Wappenbild der Junker v. Biedersee. Die Kote 'der Salzkorb' und der 'Pfannhaken' waren im Gemeinschaftsbesitz der Pfännerschaft, die - wie auch entsprechende Institutionen an anderen Orten - Salzkorb, Salzschaufel und Pfannhaken im Wappen zeigte. Das Kot 'das Lamm' gehörte der Kirche der Stadt Staßfurt, die Johannes den Täufer mit dem Lamm Gottes als Attribut zum Schutzpatron hatte." (7)

Die in der St. Johanniskirche vorhandenen Wappen, die den Pfännerstuhl zierten, sind ebenso wie die 1654 gestifteten Bilder, die über den Staßfurter Siedebetrieb Aufschluß gaben, bei der Restaurierung der Kirche in der 2. Hälfte des vorigen Jahrhunderts mit der gesamten Barockausstattung entfernt und vernichtet worden. Die Johanniskirche in Groß-Salze (Schönebeck) vermittelt noch heute eine Vorstellung, wie auch die Staßfurter Johanniskirche ausgeschmückt war; denn in Groß-Salze wurde ja unter ganz ähnlichen Bedingungen wie in Staßfurt von einer adligen Pfännerschaft Siedesalz gewonnen.

Sophie Albertine von Hacke,
geb. von Creutz

Haus des Grafen von Hacke;
über der Tür des Barockhauses befinden sich die leider verwahrlosten und
zerfallenden Wappen der Familien von Hacke und von Creutz;
später Benneckesche Molkerei

Grundsteinlegung zum Bau der Berliner Hedwigskirche am 13. 7. 1747,
zeitgenössische Radierung;
Der am 21.10.1699 in Staßfurt geborene
Graf Hans Christoph Friedrich von Hacke (Haacke)
vertrat in seiner Eigenschaft als Stadtkommandant von Berlin
König Friedrich II.

Siegel der Familie v. Hacke, 1487,

Hans Christoph v. Hacke

Vorderansicht und Grundriß der Berliner
Hedwigskirche hinter der Staatsoper;
Darstellung aus dem 18. Jhdt.

Haus der Familie
von Werdensleben,
später Familien
von Schladen und
von Biedersee

Wappen der Adelsfamilie
von Legat,
gezeichnet von Franz Müller

Erhard Leberecht von Legat,
(1690 - 1773);
Die Familie von Legat gehörte
im 17. und 18. Jahrhundert der
adligen Pfännerschaft an.

Ansicht um 1850
Ansicht um 1910

Schloß Gänsefurth,
bis nach dem 2. Weltkrieg im Besitz der
Familie von Trotha, die sowohl
in Hecklingen als auch in Staßfurt -
als Mitglied der adligen Pfännerschaft -
ansässig war.

Zeichnung um 1678

Die Staßfurter Salzjunker mit ihren Licht- und Schattenseiten

Das Leben und Treiben der Staßfurter Salzjunker war durch ein recht rüdes und menschenverachtendes Verhalten gekennzeichnet. Es wird uns über die sozialen und moralischen Zustände in Staßfurt am Anfang des 17. Jahrhunderts - also am Vorabend des Dreißigjährigen Krieges - berichtet: "Zum Andern so nimmt das Toll- und Vollsaufen sowohl bei nächtlicher Weile das Schießen in der Stadt neben anderer Ueppigkeit unter den Salzjunkern des Orts dermaßen überhand, daß solches ferner nicht zu dulden ... Mit Pferden zu Tag und Nacht Turbation (Verwirrung) und Unruhe anzurichten, Fenster auszuschlagen und schwangere Weiber in Gefahr ihrer Gesundheit zu setzen: daß die Verbrecher möchten re et corpore (mit Besitz und Person) arrestieret und ehe nicht losgelassen werden, sie hätten denn genugsam Kaution (Bürgschaft) bestellet." (1)

Übrigens scheinen sich die Pfänner in Groß-Salze (heute Stadtteil von Schönebeck) noch mehr auf ein "vergnügliches" Leben verstanden zu haben als die Staßfurter. In einem alten Reisebericht heißt es: "Und obschon der mehrerteil Pfenner, so bis auf gar wenige vom Adel seind, mehrerteils seßhaft und das ganze Regiment über die Stadt und das Salzwerck haben, so ist doch des stetigen Bankettierens, Prangens und Hoffahrts so viel, daß selten einer befunden wurdet, der fürtreffliche Nahrung hat und stehen diesfalls die Staßfurter etwas besser (!)."

Daß es in Staßfurt nicht ohne böse Exzesse abging, unterstreicht eine Nachricht in der Geißschen Chronik: "Den 29. 10. 1582 hat Berendt von Dießkau den Hans von Wunzwizsch, mit welchem er in Streit geraten, in der Dämmerung mit einem Dolche an der Maus (Handballen) am linken Arme dermaßen verwundet, daß dieser an den Folgen der Verwundung zwischen 10 und 11 Uhr nachts gestoren ist." (10) In dem lange verschleppten Gerichtsverfahren kam es schließlich auf Grund der Einmischung der adligen Verwandtschaft des Dießkau, es werden die Familien von Krosigk, von Angern und von Santersleben genannt, zur gütlichen Einigung mit der Gegenpartei.

Ein anderes Streiflicht auf den Alltag der Staßfurter Junker wirft eine Episode aus dem Tagebuch eines Offiziers, der mit dem Großen Kurfürsten Friedrich Wilhelm in den Jahren 1674 und 1675 in Staßfurt weilte. "Donnerstag den 10. 6. 1675 früh aufbrechend kamen wir ins Nachtquartier zu Stasfort, Stadt und Schloß im Erzbistum Magdeburg. In dieser Stadt sind eine Masse Salzwerke und der Magistrat in den Händen des Adels. Der General-Major Lethmann (v. Lethmat(e)) wohnte in dem Schlosse, wo Seine Kurfürstliche Durchlaucht schlief, ebenso wie das erstemal als wir nach dem Elsaß gingen; man sieht wohl, daß der Segen überall folgt, wo die Soldaten oder die Hofleute gelegen haben; denn der genannte Gen.-Major hatte seit 2 oder 3 Jahren eine junge und schöne Frau, und keine Kinder von ihr, er war ein Mann von 72 Jahren, gerade 9 Monate nachdem wir hier mit dem Hofe gelegen, war sie mit einem Sohne niedergekommen, was die guten Wünsche, welche wir unserm Wohltäter brachten, bewerkstelligt haben." (12, 7)

Zu zwei der in Staßfurt ansässigen Adelsgeschlechter sollen noch einige Angaben folgen. Das ehemalige Haus der Familie v. Werdensleben ist das heutige Salzlandtheater und Bürgermeisterhaus. Wie schon erwähnt, haben in diesem Haus während des Dreißigjährigen Krieges bedeutende Staatsmänner und Heerführer Quartier bezogen. Der Bürgermeister Bernhard v. Werdensleben zeichnete sich durch Zivilcourage gegenüber den Großen dieser Welt aus. Er konnte der Stadt manche Kriegslast ersparen.

Die Gräber seines Sohnes Jordan v. Werdensleben, ebenfalls Bürgermeister der Stadt, und dessen 2. Ehefrau Luise Sibylle geborene v.

Grabdenkmal des Bürgermeisters Jordan v. Werdensleben (1610-1656) auf dem alten Friedhof am Luisenplatz

Biedersee waren bis in die neuere Zeit auf dem alten Johannisfriedhof (neben dem Altersheim Luisenplatz, ehemals St. Johannishospital) erhalten. Leider sind die reich mlt Wappen geschmückten Steinsarkophage bei der Anlage der Umgehungsstraße - wie in Staßfurt weitgehend üblich - ohne Gespür für historische und kulturelle Werte vernichtet worden. (21) Aus der Familie von Werdensleben stammte auch der "Wohltäter der Stadt" Vollrath Christoph v. Werdensleben. Er war der Sohn des zuletzt genannten Ehepaares. Im Jahre 1652 geboren, besuchte er später mit seinem Hausmeister Wittenberg, Leipzig, Straßburg, Paris, London, Oxford, Amsterdam und kehrte über Hamburg in seine Heimat zurück.

Von ihm heißt es in einem zeitgenössischen Bericht: "Ist stets ungesund zu Hause, gesund aber auf Reisen gewesen. Hatte große Abneigung vor dem Heirathen." Er starb unvermählt am 30. 12. 1682 und wurde am 4. 2. 1683 als letzter seines Geschlechts mit Helm und Schild in der Johanniskirche begraben. In seinem Testament stiftete und dotierte er das verfallene St. Johannishospital neu. In dem Hospital sollten 12 Arme freie Wohnung, Feuerung und etwas zu ihrem Unterhalt bekommen. Ferner "fundierte" (begründete) er ein Kapital von 3000 Talern, von dessen Zinsen den Schullehrern jährlich 50 Taler und 2 Studierenden 100 Taler (jedem 50 Taler) gegeben werden sollten. Des weiteren schenkte Vollrath v. Werdensleben der Kirche St. Johannis drei Pfund Silber ... zu einem Abendmahlskelch nebst einem "verpitschirten" (versiegelten) Beutel mit goldenen Ringen, einem Rubin- und Diamantschmuck, womit gedachter Kelch verziert werden sollte, wie auch sechs Pfund Silber zu einem Taufbecken. Der Beutel ist dann allerdings "abhanden" gekommen.

1688 wurde aus Mitteln der von-Werdenslebenschen-Stiftung der spätgotische Flügelaltar der Johanniskirche von der Stadt angekauft und in die Hospitalkirche überführt (18)

Am 16. 2. 1783 ist in Staßfurt in feierlicher Weise des 100. Todestages von V. Chr. v. Werdensleben gedacht worden. Erhalten geblieben sind die Vorträge von sechs Schülern der 1. Schulklasse, die den Geist der Epoche der Empfindsamkeit atmen.

Im Lebensbild, daß der Schüler Größer entwarf, lesen wir: "Unser Lob ist kein erkauftes Lob. Wir bringen es ihm im Geist, aus Überzeugung und mit gerührtem Herzen. Seine Verdienste sind seine Ehre; sie sprechen laut zu seiner Ehre, bei unsern Zeitgenossen und bei der Nachwelt ... Er war im Wohltun ein Mann voll tätiger Christenliebe. Staßfurt hat nur einen Werdensleben gehabt, nur einen Vater vieler Armen, nur einen Pfleger und Versorger vieler Alten und Schwachen, nur einen wahren echten Schulfreund, der die Lehrer hiesiger Stadtschule für ihren Fleiß und Unterricht schon 100 Jahre zum Teil besoldet hat, nur einen solchen Patrioten, der, damit junge Leute zum Nutzen der menschlichen Gesellschaft möchten erzogen werden, seit 100 Jahren vielen Unterhalt auf Universitäten gegeben hat ..."

(Der Verfasser dieser Zeilen ist während seines hallischen Universitätsstudiums als einer der letzten in den Genuß des Werdensleben-Stipendiums gekommen, das bis zur Währungsreform 1949 vergeben wurde.) "Werdensleben hat auf Erden nur 31 Jahre gelebt. Ein kurzer Lebenslauf für solchen wohltätigen großen Mann. Er war der letzte seines Geschlechts. Aber er selbst lebt noch, er wird weiterleben und so lange Staßfurt und das Johannishospital stehen wird, wird er ehrenvoll leben." (18)

In der Steinstraße 4 weisen die Wappen an dem Barockhaus (alte Benneckesche Molkerei) auf ein weiteres Staßfurter Salzgrafengeschlecht hin. Über dem Hauptportal erblicken wir das leider zunehmend zerfallende Doppelwappen der Familien von Hacke und von Creutz.

Um das Jahr 1634 ließen sich die Brüder Hans Christoph und Hans Friedrich v. Hacke in der Stadt Staßfurt nieder. Das war im Dreißigjährigen Krieg, an dem die beiden auf verschiedenen Seiten - der erstere in evangelisch-kursächsischen und der letztere in katholisch-kaiserlichen Diensten - teilgenommen hatten. Daß gerade Staßfurt zum Aufenthaltsorte gewählt wurde, mag seinen Grund darin gehabt haben, daß hier der Erwerb und die Bewirtschaftung von Salzgütern in dem durch den Krieg verarmten Land winkte.

Die Nachkommen des Hans Christoph v. Hacke haben verschiedene Generationen lang in Staßfurt gelebt. Der am 21. 10. 1699 in Staßfurt geborene Hans Christoph Friedrich

Grundsteinlegung der katholischen St. Hedwigskirche zu Berlin am 13. Juli 1747; Holzschnitt von A. Menzel

v. Hacke stieg unter den Preußenkönigen Friedrich Wilhelm I. und Friedrich II. zum Generalleutnant der Infanterie und Generaladjutanten der Könige auf. Friedrich Wilhelm I. (der "Soldatenkönig") warb persönlich für ihn um die Hand des Fräuleins Sophie Albertine v. Creutz - Tochter des Staatsministers Ehrenreich Bogu-

slav v. Creutz - eine der reichsten "Partien" des Landes. Um die Ehe zustande zu bringen, wendete der König recht massive erpresserische Methoden an; esging ihm dabei auch wesentlich darum, daß das große Vermögen der Familie v. Creutz nicht außer Landes kam. Der "Erkorene" der Familie v. Creutz war nämlich ein sächsischer Untertan.

Friedrich II. erhob den Generaladjutanten Hacke 1740 in den erblichen Grafenstand und verlieh ihm den neu gestifteten hohen preußischen Orden Pour le merite. Im Auftrag des Königs führte der inzwischen auch zum Stadtkommandanten von Berlin avancierte Hacke die Oberaufsicht über die damaligen großen Bauvorhaben: den Bau des Invalidenhauses und der katholischen St. Hedwigskirche, die Friedrich nach dem Vorbild des Pantheons in Rom errichten ließ. Der Hackesche Markt in Berlin hält heute noch die Erinnerung an den in unserer Stadt geborenen Grafen v. Hacke wach. Das oben erwähnte Barockhaus errichtete der Graf für Angehörige seiner Familie und vielleicht auch als Alterssitz. Bewohnt hat er es selbst nicht mehr. Er starb am 6. 8. 1757. (22)

Haus der Familien von Dieskau und von Lethmat(e);
später Pfarrhaus von St. Johannis in der Reitbahn;
ca. 1925 abgerissen

Wappen der Adelsfamilie
von Zinck(e);
historisches Glasbild

Wappen der Adelsfamilie
von Ha(c)keborn;
historisches Glasbild

alte Stadtvogtei mit schönem
niedersächsischem Giebel;
Haus der Familie von Hackeborn (?),
bis in unsere Zeit Adler-Apotheke

Familie von Schladen
Wappen von Adelsfamilien
am Haus Steinstraße 18;
umgezeichnet von M. Marzahn
Familie von Maltitz

Haus der Familie von Willisen in der Steinstraße;
heute abgerissen;
aus dieser Familie stammte der letzte adlige Oberbürgermeister Staßfurts,
Freiherr Carl Wilhelm von Willisen

Bogenschießen;
Holzschnitt aus dem "Weißkunig" von Leonhard Beck, um
1515;
Es gibt Hinweise, daß auch in Staßfurt eine
St. Sebastiansbruderschaft existierte.
In ihr waren Adlige zusammengeschlossen,
die dem Bogenschießen huldigten.

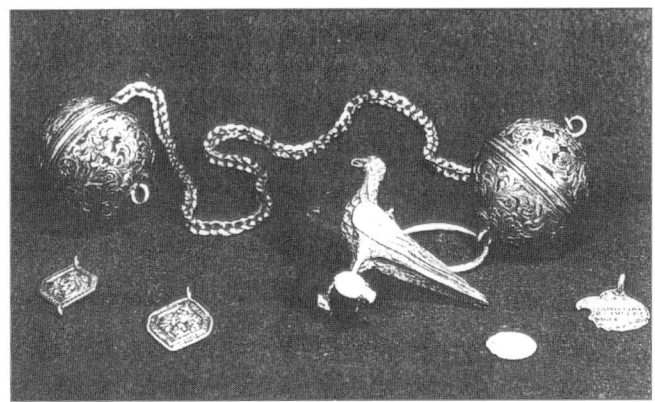

Staßfurter Schützenkette mit Schützenvogel
und zwei Kugelschließen, zwei Schießkleinodien und
zwei Erkennungsmarken;
16. Jahrhundert.

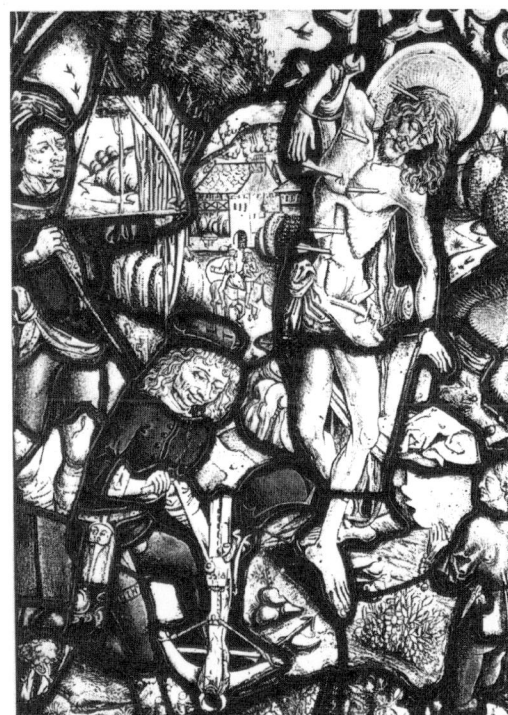

Spannen und Abschießen einer Armbrust
mit Martyrium des hl. Sebastian
um 1470

Schützenkleinod
des Hans von der Tanne,
1599

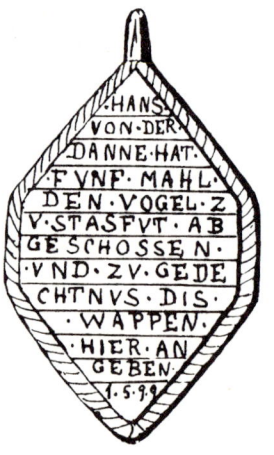

Hofseite eines alten Adelshauses
an der Pestalozzistraße, früher Junkerstraße.
Nach einer nicht sehr zuverlässigen Quelle
soll hier die Familie von Esebeck gewohnt haben.

Haustrauung,
nach einem Kupferstich aus dem 17. Jahrhundert;
"Gedachter Föckler hat Hans von der Tanne, Statdtvoigts
Tovhter, Agnes Maria, geheiratet und ist vom Pastor Möser
den 21. 10. 1627 auf dem Schlosse allhier,
wo er sein Quartier gehabt, copulirt."
Geißsche Chronik, 2. Auflage, S. 81

Nächtliche
Randale
in einer
mittelalterlichen
Stadt;
Reutlingen 1494

Königliche Kabinettsorder vom 18. 1. 1797,
durch die König Friedrich Wilhelm II.
den Ankauf der Staßfurter Saline
durch den preußischen Staat genehmigte.
Im staatlichen Besitz wurde die Salzsiederei
noch bis zum Jahre 1857 betrieben,
seit 1852 parallel zum Salzbergbau.

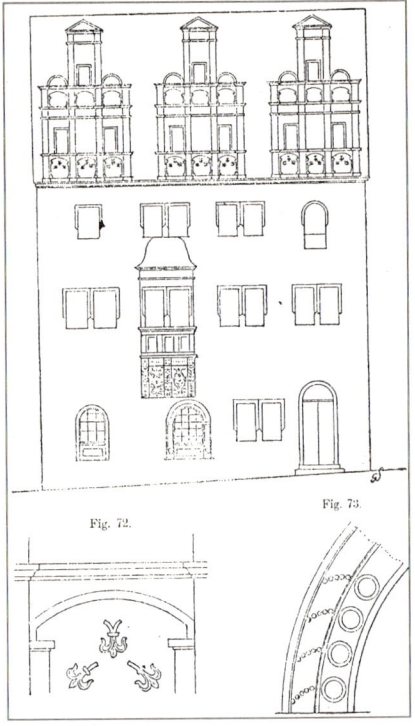

Fig. 72.

Fig. 73.

ANNO DOMINI · M · D · LIIII ·

Das Staßfurter Rathaus,
um 1900.
Der Renaissanceteil (links) wurde 1554 errichtet, während der rechte Teil mit dem Turm 1889 angebaut wurde.

Wappenfries von S. Ertle
an einem Wirtschaftsgebäude des Gutes Athensleben;
es handelte sich bei den leider nicht mehr erhaltenen Wappen um solche
von Domherren des Magdeburger Domkapitels.
Darunter waren Wappen von Staßfurter Salzgrafenfamilien,
z.B. von Angern und von Arnim.

Die heute barocke Klosterkirche des ehemaligen Zisterzienserinnenklosters
Marienstuhl-Egeln.
Die Staßfurter Salzgrafen unterhielten auch zu diesem Kloster Beziehungen,
wie folgender Satz aus einer Urkunde belegt:
"1541, Martini Abend, gibt Andreas von Arnstedt zu Staßfurt 6 Rheinische Gulden
wegen seiner Schwester, Gertrud von Arnstedt,
Mitgift an das Zisterzienserinnenkloster Marienstuhl vor Egeln."

Die Bruderschaften und ihre unterschiedliche Wirksamkeit

Im Gegensatz zu benachbarten Städten, wie Aschersleben oder Bernburg, bestanden in Staßfurt keine klösterlichen Niederlassungen. Es existierten aber geistliche Bruderschaften.

"Im Jahre 1349 sind sämtliche gegenwärtige und zukünftige Arbeiter beiderlei Geschlechts im hiesigen Salzwerke in die Fraternität (Bruderschaft) des Convents der Barfüßermönche (Franziskaner) zu Aschersleben aufgenommen worden. Der Bruder Nikolaus, Guardian oder Superior (Oberer) des Klosters, rühmt ihre Achtung vor diesem Orden und ihre Liebeswerke gegen den dortigen Convent. Es werden ihnen unter anderem nicht nur für die, welche in ihrer Gesellschaft sterben, sondern auch für die, welche bereits und längst gestorben sind, Seelenmessen versprochen. (10) Die Staßfurter Salinenarbeiter wurden bei diesem Vorgang in den 3. Orden des hl. Franziskus aufgenommen. (14)(Die sogenannten 3. Orden sind besonders den Bettelorden aus dem 13. Jahrhundert, den Franziskanern, Dominikanern, Augustinern und Karmeliten, als Vereinigungen, denen auch nicht in Gemeinschaft lebende Laien beitreten können, angegliedert. Bei den 1. Orden handelt es sich jeweils um die klösterlichen Männerorden, bei den 2. Orden um die in Klausur lebenden Frauenorden.)

Am 7. 12. 1439 bestätigte Bischof Burchard III. von Halberstadt die Bruderschaft CORPORIS CHRISTI (Fronleichnamsbruderschaft), die an anderer Stelle auch "Brodersschopp des

ehemalige Franziskanerkirche in Aschersleben, später reformierte, heute wieder katholische Kirche. Im Jahre 1349 traten die Staßfurter Salzsieder dem 3. Orden des hl. Franz v. Assisi bei, wozu sie sich dem Ascherslebener Kloster anschlossen

heyligen Blutes" genannt wird. Als Kalandsbruderschaft fanden die Zusammenkünfte der Mitglieder regelmäßig am 1. Tag des Monats (calendae (lat.) - erster Monatstag) statt. Die Hauptanliegen dieser Vereinigungen waren caritativer Natur: z. B. Armenspeisung, Krankenpflege, Sorge für "fromme" Begräbnisse und Fürbitte für die Verstorbenen. Da die Versammlungen der Kalandsbrüder im Laufe der Zeit zu aufwendigen Gastmählern entarteten, entwickelte sich ein Verb k a l a n d e r n im Sinne von aufwendig und üppig speisen.

Die Statuten, die Stiftungsurkunde und ein Verzeichnis der lebenden und toten Mitglieder der Staßfurter Bruderschaft sind in einer plattdeutschen Mönchshandschrift enthalten. Erwähnenswert sind zwei kunstvoll gestaltete Initialen (Anfangsbuchstaben). Die erste Initiale stellt einen Bischof und einen Papst mit Tiara (auch als König mit doppelter Krone gedeutet) dar, welche kniend eine Monstranz mit der konsekrierten Hostie in den Händen halten. Der Anfangsbuchstabe B in Borchardus (= Bischof Burchard) bringt im oberen Teil zwei kniende Engel, die wieder eine Monstranz umfassen. Im unteren Teil der Initiale sieht man die Übergabe der Stiftungsurkunde an die Bürgerschaft von Staßfurt. Der Bischof im vollen Pontifikalornat mit Mitra und Bischofsstab überreicht den Vorstehern der Bürgerschaft die Pergamentrolle.

Im Mitgliederverzeichnis der Bruderschaft sind 285 männliche und weibliche Personen aufgeführt. Die Liste beginnt mit dem Bischof von Havelberg, ebenfalls einem Burchard, als auswärtigem Würdenträger. (26)

Während der Fronleichnamsbruderschaft die Adligen und wohlhabenden Bürger der Stadt angehörten, waren die Arbeiter der Saline in der St. Laurentiusbrüderschaft zusammengeschlossen. Ein Gründungsdatum fehlt; man kann aber für ihre Entstehung das 15. Jahrhundert annehmen. Über den religiösen Rahmen hinaus könnte man hier von einer Art "vorgewerkschaftlichen" Interessenvertretung sprechen. Bezeichnenderweise überdauerte die Laurentiusbrüderschaft im Gegensatz zum 3. Orden des Franziskus und zur Kalandsbruderschaft die Reformation und löste sich erst auf Grund des Niedergangs der Saline im 19. Jahrhundert auf.

Der hl. Laurentius war im Salinenwesen ein beliebter Schutzpatron. So wie er nach der Überlieferung auf einem glühenden Rost das Martyrium erlitt (siehe mittelalterliche Illustration auf Seite 127), hatten es die Salzsieder mit Feuer und Rost zu tun.

Einen Versuch "betrieblicher Mitbestimmung" der Staßfurter Salinenarbeiter kann man aus Briefen entnehmen, die zwischen den Pfännerschaften von Staßfurt und Groß-Salze ausgetauscht wurden. Die Staßfurter Pfännerschaft teilte der Groß-Salzer mit, daß die Staßfurter Salzwirker (Salzarbeiter) nicht gewillt seien, weiterhin den vollen Siedebetrieb aufrechtzuerhalten. Sie seien in dieser Forderung durch die Groß-Salzer Arbeiter bestärkt worden, die schon eine Einschränkung der wöchentlichen Salzerzeugung erzwungen hätten. Die Groß-Salzer Pfännerschaft schreibt in ihrer Antwort vom 15. 10. 1585, daß diese Behauptung nicht den Tatsachen entspräche. Zwar habe es auch in Groß-Salze diesbezügliche Anträge gegeben, die Pfänner hätten aber den Kotmeistern die Anweisung erteilt, derartigen Wünschen für Arbeitszeitverkürzung nicht zu willfahren.

Schließlich wird eine persönliche Kontaktaufnahme zwischen den beiden Pfännerschaften angeregt. Für die Arbeiter der beiden Städte scheint diese "Streikandrohung" kein positives Ergebnis gebracht zu haben. (32)

Ähnlich den Hallenser Salzsiedern, den sogenannten Halloren, besaßen die Staßfurter Salzwerksarbeiter eine besondere Tracht: "Jacken mit rotem Futter, kurze Hosen mit Fransen, weiße lange Strümpfe und bei den Beerdigungen schwarze Mäntel." (32) (Die Halloren trugen (bzw. tragen) eine entsprechende Bekleidung bis in die neueste Zeit bei Beerdigungen auf den hallischen Stadtfriedhöfen, für deren Durchführung sie eine Art Privileg besaßen. (14)) "Bei ihrer Arbeit setzten die Staßfurter Salzsieder oder Köt(h)ger ein taubennestartiges Strohgeflecht ohne Rand auf den Kopf. Sie gingen im Sommer und Winter barfuß in Holzpantoffeln." Die Fahne der Laurentiusbrüderschaft und eine Reihe von Trinkgefäßen aus Zinn - die Halloren besitzen dagegen einen berühmten Silberschatz - sind bis in unsere Zeit erhalten geblieben, zumeist mit Salzschaufel und gekreuzten Pfannhaken verziert. Der prächtige Reichsadlerhumpen vom Jahre 1654 aus Glas mit Darstellungen in leuchtenden Schmelzfarben (St. Laurentius mit Rost, Salzschaufel mit zwei gekreuzten Pfannhaken und zwei Köt(h)ger mit Salzkorb) trägt die Inschrift: "Trincket auß Es Schadet nicht Den Gott Hat alles wohl außgericht."(32)

Reichsadlerhumpen der St. Laurentiusbrüderschaft aus dem Jahre 1654;
es sind dargestellt: St. Laurentius mit Rost, 2 Pfannhaken mit Salzschaufel
und 2 Kötger mit gefülltem Salzkorb;
die Darstellungen auf dem Humpen sind umgezeichnet von J. Stelmecke

Kirche des ehemaligen
Franziskanerklosters
in Aschersleben

Innenansicht
zum Altarraum

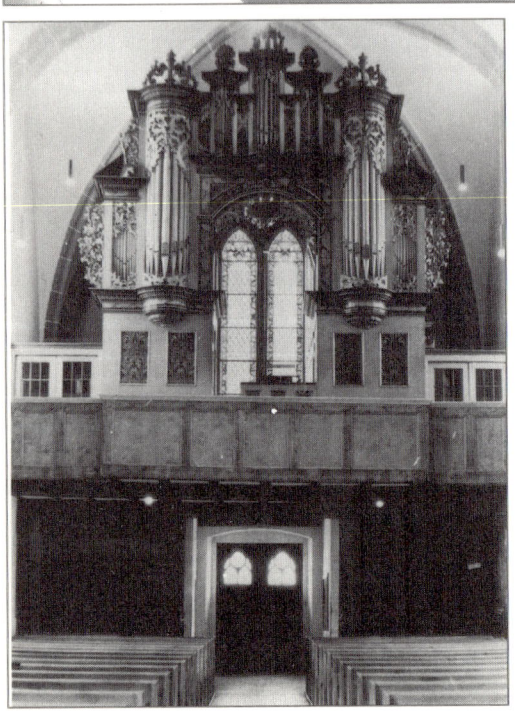

Innenansicht zur Orgel

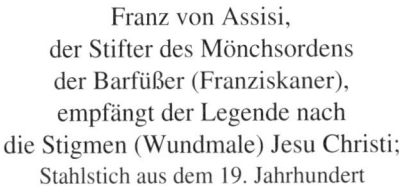

Franz von Assisi,
der Stifter des Mönchsordens
der Barfüßer (Franziskaner),
empfängt der Legende nach
die Stigmen (Wundmale) Jesu Christi;
Stahlstich aus dem 19. Jahrhundert

Die Bruderschaft Corporis Christi (Fronleichnamsbruderschaft)
wurde am 7.12.1439 durch Bischof Burchard III.bestätigt.
Die beiden Initialen aus der Stiftungsurkunde und den Statuten stellen
einen Bischof und einen Papst (auch als König gedeutet) dar,
die eine Monstranz mit der konsekrierten Hostie halten,
und Bischof Burchard von Halberstadt, der die Stiftungsurkunde
den Vertretern des Staßfurter Magistrats überreicht.

Der heilige Wolfgang,
Holzschnitt um 1500
Im Jahre 1583 wird in Staßfurt eine
St. Wolfgangsbruderschaft
ohne weitere Angaben erwähnt.
Da der hl. Wolfgang als Heiliger der Caritas
angerufen wurde, kann man annehmen, daß
die Bruderschaft sich der Krankenpflege und
der Armenfürsorge widmete.

Festmahl ("Kalandsmahl");
Hans Holbein d. J.,
lavierte Federzeichnung, 1522

Der Salinenbetrieb nach "Haligraphia" und "Sal terreo-mysticum"

Reich ist die Geschichte der Staßfurter Saline. "Über den Betrieb der Staßfurter Saline und deren Einrichtungen liegt eine Beschreibung in der "Haligraphia" des Johann Thölde aus dem Jahre 1603 vor. Nach dieser waren zwei Salzbrunnen vorhanden, von denen der eine mit "Schleuchen", der andere mit "Roßkunst" betrieben wurde. Während der erstere nicht alle Zeit "ganghaftig" war, stand der Roßkunst-Brunnen ständig im Betriebe. Er wurde mit zwei großen Eimern, die an einem dicken Seile hingen und durch eine Welle auf- und abwärts bewegt wurden, ausgeschöpft." (17) Dieser Brunnen lieferte die stärkste Sole, nämlich 17-lötige. Er muß auch sehr tief gewesen sein, war in rechteckiger Form abgeteuft, stand frei ohne Zimmerung im Buntsandsteingebirge und hatte, trotz seiner geringen Entfernung von der Bode, keinerlei Zufluß süßen Wassers. "Die gewonnene Sole wurde durch Rinnen (sogenannte Wendelitzen) in alle Kote (Siedehütten) geleitet. Die Kote selbst lagen tief in der Erde, so daß die Dächer bis auf die Erdoberfläche niederreichten. Am Eingang lagerte das zum Sieden benötigte Brennmaterial Holz bzw. Kohle. In jedem Kote befanden sich 2 Herde mit den Pfannen. Nach Thöldes Angaben hatte ein "Werk Salz" 2 Stück zu je 8 1/2 Metzen (altes deutsches Trockenhohlmaß; in Preußen 3,435 l). Die Höhe der Salzerzeugung läßt sich nach 2 Rechnungen aus den Jahren 1524 und 1591 zu 3340 bzw. 2341 Werken feststellen." (17)

Eine weitere wichtige Quelle für den Staßfurter Salinenbetrieb ist die Predigtsammlung über das Bibelwort "Ihr seid das Salz der Erde" (Mt 5,6) des Diaconus Magister Daniel Schibelius, der von 1611 bis 1621 an der Staßfurter Johanniskirche wirkte. Die Vorgänge beim Salzsieden werden hier allegorisch mit solchen im kirchlichen Bereich parallelisiert. Der Titel der in Buchform 1620 in Magdeburg erschienenen sieben Ansprachen beginnt mit den Worten "Sal terreo-mysticum" (Das geheimnisvolle Salz der Erde). Für das Salinenwesen und seine Geschichte ist die Veröffentlichung trotz aller barocken Weitschweifigkeit und einem Wust von biblischen und antiken Zitaten von Bedeutung. Einige Kostproben aus der 6. Predigt in der von Freydank gekürzten und in neuer Rechtschreibung gebotenen Form seien hier angeführt.(7)

"Wie es nun mit irdischen Salztälern und Koten dahergehet, daß sie gegen die anderen Gegenden fast klein und gering sind, also ist die Kirche gegen die ungläubige Welt ein gar kleines und geringes Häuflein. Wie auch ein Salztal und Kot von außen zwar keine sonderliche

Schönheit und Ansehen hat und gleichwohl köstliche Sole und gutes Salz gibt, also hat auch die Kirche von außen keine Schönheit und Gestalt, daher sich auch viele daran ärgern. Man hat aber darinnen zu finden die köstliche Sole des Worts und die hochwürdigen Sacramenta, Christum mit allen Wohltaten. Summa man trifft darinnen an das edle Salz und Gewürz der Erden: fromme Christen ...

Wo Salztäler und Werke sind, da gibt es Salzgrafen. Ihr Amt ist, daß auf die Brunnen gesehen werde, daß es, die Sole zu fördern, an Kunstseilen, Eimern und Pferden, an Blechen und Pfannen, an Hafer und anderen notwendigen Sachen kein Mangel sei. Dafür haben sie von den Pfännern Ehre und Gehorsam zu gewarten, desgleichen ihre Renten und Voigteigelder, davon sie das gemeine (gemeinsame) Werk fortsetzen können. Auch haben sie Strafgewalt... Der geistliche Salzgräfe im geistlichen Salztale ist kein anderer als der Herr Christus ... Er hat sein Salzgrafenamt jederzeit treulich verrichtet. Dafür gebührt ihm billig die Voigtei der Ehre und Liebe des Worts und die Freigebigkeit zur Unterhaltung der Kirchen und Schulen. Wo er aber Ungehorsam und Undankbarkeit bei den Pfännern findet, da wandert er mit der Sole des Wortes weg, ja er gießt das Feuer der Gnade aus, so muß ein Kaltlager (Entzug des Siederechts) der Beraubung des Worts und der Seligkeit erfolgen ...

Da finden wir nun in der Kunst (hier soviel wie Salinengelände) zunächst einen wohlverwahrten Salzbrunnen, wir finden die köstliche Sole, Kunsteimer und Seil, Trog und die Wendelitzen (hölzerne Röhren oder Rinnen). Auch in der geistlichen Kunst der Kirche finden wir zunächst einen wohlverwahrten Salzbrunnen, das ist der unerschöpfliche Brunnquell der Gnade und Weisheit Gottes ... Ferner wie die Kotmeister das Salz nicht nach ihrem Gefallen in den Koten machen dürfen, sondern stets aus reiner Brunnensole, die sie mit etwas Blut zur Reinigung vermischen, und daraus bei verschiedener Feuersglut das Salz kochen, durch das Schwenkebier zur Körnung (Kristallisation) befördern und dann mit ihren breiten Schaufeln fein säuberlich in die Salzkörbe aufschlagen

Salzfuhrmann,
Holzschnitt aus dem Jahre 1577
(nach Freydank)

und trocknen -, ebenso müssen die geistlichen Salzwirker mit Zubereitung des geistlichen Salzes auch nicht nach ihrem Gutdünken es anstellen, sondern auf bestimmte, ihnen in der geistlichen Pfänner- und Kotmeisterordnung, der heiligen Schrift, vorgeschriebenen Art und Weise. Sind nun getreue Kotmeister liebens- und lobenswert und bekommen sie auch nicht allein ihren Jahreslohn, sondern vielmehr von jedem Stück (Füllung eines Salzkorbes, ungefähr 54 Pfund) einen Groschen, so beschert Gott den geistlichen Kotmeistern (Pfarrer) auch einen zeitlichen und ewigen Gnadengroschen, das ist der Groschen der Liebe, der Ehre, der Fürbitte und der Freigebigkeit, daß man sie besoldet und mit dankbaren Accidentibus ("Beifügungen": das sind z. B. Stolgebühren für Taufen, Hochzeiten und Beerdigungen) versieht. Die geistlichen Kotknechte und Gehilfen dürfen wir hier nicht vergessen. Das sind die Lehrer in den Schulen, denn sie gehen uns gleich zur Hand und arbeiten am geistlichen Salzwerk, sonderlich bei der Jugend und sind auch ihres Lohns und Trinkgelds wert ... So erhält der Schulmeister wöchentlich aus jedem Kote ein Körblein Salz, daß ihm zur Ergetzung (Ergötzung) seiner blutsauren (!) Schularbeit von den Vorfahren als ein Stücklein seiner Besoldung zugeteilt ist ...

Im Salzwerk muß man auch Pfannen haben. Die geistlichen Pfannen sind eure Herzen, die kommen mit jenen fein überein. Wenn die Pfannen unrein werden und Stein ansetzen, so muß man sie absetzen und teils mit Feuer, teils mit einem Hämmerlein den angesetzten Stein abschlagen und reinigen. Ach, unsere Herzpfannen setzen täglich viel Stein und Unflat an. Der muß freilich mit dem Feuer des Kreuzes abgesprengt und dem Hammer des Gesetzes abgeschlagen werden. Gewinnen sie aber Löcher, dann wacht das böse Gewissen auf und macht Angst und Bange ... Das Kochsalz wird nicht im Augenblick verfertigt, sondern per intervalla (in Fristen) und mit der Zeit; denn in der 1. Stunde kocht und reinigt sich die Sole, in der anderen setzt sie sich zum Salz und bekommt durch das Schwenkebier die Körnung, in der 3. wird es zum Stamm aufgeschlagen und endlich ergänzt (in die Salzkörbe gefüllt) ...

Die warme Bätzsche (Trockenfläche im Kot), darauf die Salzstücke nach der Vollendung abgetragen und dort auf 3 Stecken ruhen, das ist der gute Zustand der Kirche in Friedenszeiten. Wie nun die Salzstücke nicht fort und fort auf der Bätzsche bleiben, sondern durch die Gastfuhre abgeführet werden, also beschert auch der gnädige Gott aus allen Landen der Welt eine reiche Gastfuhre, die nach dem frommen Christensalz fragen und begehren ...." (7)

Wie man sieht, vermittelt die Predigt ein anschauliches Bild vom Staßfurter Salzgewinnungsprozeß - die geistlichen "Nutzanwendungen" erscheinen dagegen doch im großen und ganzen recht künstlich aufgepfropft.

Wendelitzen: hölzerne Rohre, durch die die Salzsohle
in die Siedepfanne geleitet wurde;
Saline Lüneburg;
Holzschnitt aus Münsters "Cosmographei", Basel 1544

Pferdegöpel zum Förderbetrieb im Bergbau
und zur Soleförderung im Salinenwesen;
nach G. Agricola "de re metallica", 1556

*Die Sparren A. Die Schuhe B. Die Steifen C. Der Umlauf im Gopel D. Der Holzklotz für
das Fußlager E. Die Welle F. Die Schwengel G. Der Seilkorb H. Die Seile I. Das Forder-
gefäß K. Die in die Schwengel eingesetzten Holzer L. Der Schemel für den Treiber, an den
auch die Pferde gespannt werden M. Die Kette N. Die Wage O. Der Sturzhaken P.*

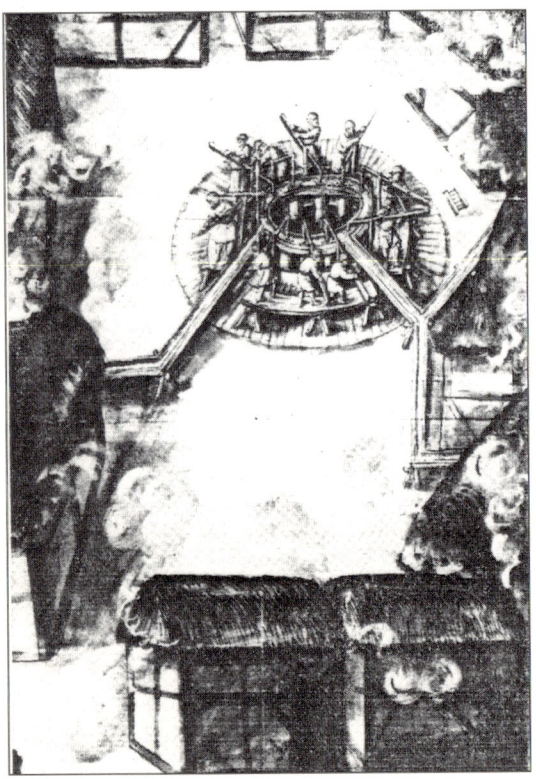

Solbrunnen mit Wendelitzen
in der Saline Sooden - Allendorf;
nach Emons/Walter, 1988

Die Sudhütten A. Gemalte Bilder B. Die erste Abteilung der Hütte C. Die mittlere Abteilung D. Die hintere E.
Zwei kleine Fenster in der hintern Wand F. Ein drittes Fenster im Dach G. Brunnen H. Eine andere Ar
Brunnen I. Bottich K. Tragstange L. Gabelförmige Stöcke, auf welche die Träger, wenn sie ermüdet sind
die Tragstange auflegen M.

Salinenhof

Die Schöpfeimer A. Die Kufe B. Der Bottich C. Der Siedemeister D. Der Bursche E.
Die Frau F. Holzspatel G. Bretter H. Körbe I. Schaufel K. Rechen L.
Stroh M. Becher N. Gefäß mit Blut O. Bierkanne P.

Inneres eines Salzkots

Der Herd A. Das Ofenloch B. Die Pfanne C. Die in die Erde eingegrabenen Balken D.
Die darübergelegten Querbalken E. Die kürzeren Latten F. Die kleinen Eisenhaken G.
Die Öfen H. Die langen Latten I. Die größeren Eisenhaken K.

Siedepfanne

G. Agricola: De re metallica libri XII, Basel 1556

Inneres einer hallischen Siedehütte;
aus Fr. Hondorff "Das Saltz-Werck zu Halle", 1670

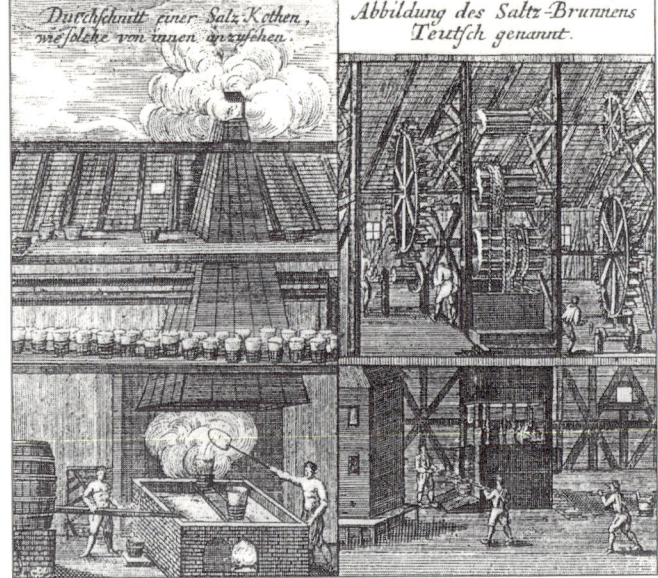

Die technischen Anlagen der Salzgewinnung in Halle;
Querschnitt durch ein Kot (Siedehaus)
und durch einen Solbrunnen;
Kupferstich, Anfang des 18. Jahrhunderts

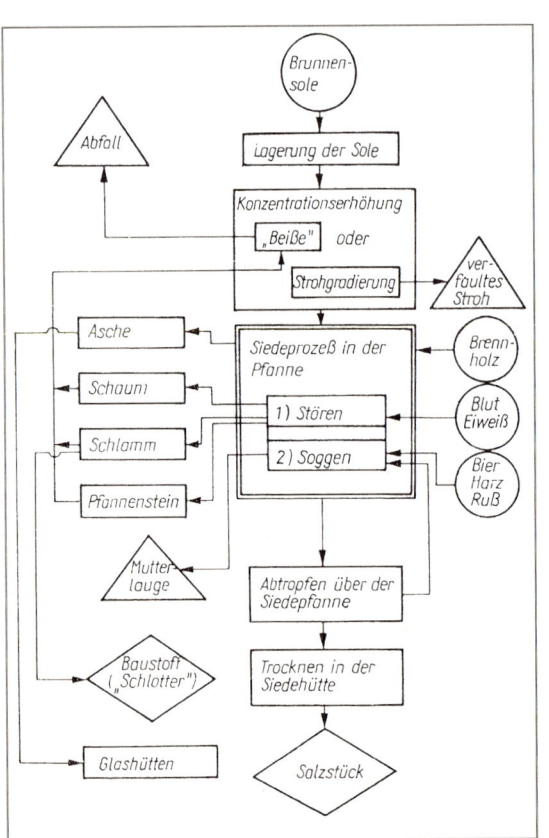

Verfahrensschema der Siedesalzproduktion
vom Mittelalter bis zum 17. Jahrhundert;
nach Emons/Walter: Alte Salinen in Mitteleuropa,
Leipzig 1988

Salzverladung;
Kupferstich, 1670;
aus Fr. Hondorff: "Das Saltz-Werck
zu Halle in Sachsen befindlich"

Arbeit an der Siedepfanne und Salztrocknung in Weidenkörben;
Saline Bad Kreuznach bis 1975;
nach Emons/Walter;
Gegenüber den Arbeitsbedingungen in Staßfurt im 18. und 19. Jahrhundert
hatte sich da nicht viel verändert

Tract Ein Hallorum mit seiner Braut.

Hallore in Bürgertracht   Hallore (Hallenser Salinenarbeiter)   Hallore mit Salzkorb
beim Fischstechen;
auf dem Brustschild Pfannhaken und Salzkorb, wie sie auch in Staßfurt üblich waren

Kupferstiche aus Dreyhaupt: Beschreibung des Saalkreises und der Stadt Halle, 1755

Salzwirker oder Siedemeister
mit Salzschaufeln;
Halle, 17./18. Jahrhundert

Träger mit Salzkörben und Läder (Arbeiter, die die Salzfuhrwerke beluden),
mit Hacken;
Halle, 17./18. Jahrhundert

Marktplatz von Halle mit Hallorenumzug;
Gouache 1748/49;
ähnliche Festumzüge sind auch
aus Staßfurt überliefert

Fantasiebild eines Salzfuhrwerks vor dem Magdeburger
Tor in Groß-Salze

Kursächsischer Handelsbrief für Salz vom 3.9.1663;
nach Freydank;
In ihm werden nur die Einfuhr und der Verbrauch
von hallischem Salz gestattet.
Ausdrücklich wird die Nutzung von Salz
aus Groß-Salze und Staßfurt untersagt!

142

Stiftskirche St. Pankratius in Hamersleben;
Blick zum Barockaltar, Hauptapsis und reichverzierte Kapitälle
in dieser bedeutenden romanischen Kirche
im Hirsauer Baustil
In einer Urkunde des Jahres 1174 wird zum erstenmal der Staßfurter
Salinenbetrieb erwähnt. Graf Hermann von Orlamünde bestätigt die
Schenkung seines Vaters, des Markgrafen Albrecht des Bären, an das
Augustinerchorherrenstift Hamersleben bei Oschersleben,
bestehend aus einer Saline mit 2 Pfannen im Gebiet des Meierhofes,
welcher Staßforde genannt wird.

Das Prämonstratenserkloster Kölbigk bei Güsten
besaß wie verschiedene andere Klöster
Salzkote in Staßfurt

Anna von Schladen,
legendäre Äbtissin des
Benediktinerinnen-
klosters Hecklingen;
Nach der Inschrift
auf dem Bild soll
auf ihre Veranlassung
1452 ein Solbrunnen
in Staßfurt niederge-
bracht worden sein.
Bild früher in der
Berginspektion Staßfurt,
16. Jahrhundert (?)

Saline und Schloß Staßfurt;
Ausschnitt aus dem Kupferstich
von Caspar Merian
in Martin Zeiller
"Topographie von Niedersachsen",
Frankfurt 1653

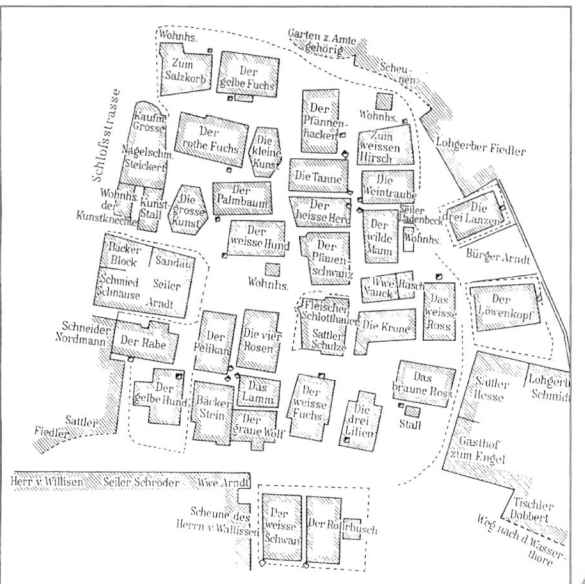

Seite aus der
6. Predigt der
Predigtsammlung
"Sal terreo-mysti-
cum"
von
D. Schibelius

Grundriß des
Salinenhofes;
Ende des
18. Jarhhunderts;
Die Namen der
Kote weisen auf
Wappenembleme
der adligen
Erstbesitzer
hin.

Modell einer
Siedehütte;
Kreismuseum
Bad
Frankenhausen,
nach Emons/
Walter

§ 8. Das II. Saltzwerck ist in der Stadt Staßfurth, (c) bestehet auch in Zwo Brunnen. Einer die Grosse, der ander die Kleine Kunst genant. Und in Zwey und dreyßig Kothen, die keine sonderliche Namen haben, sondern nach den Koth-Meistern pflegen genennet zu werden.

§ 9. Auf denen Brunnen wird die Sole in Eimern also herauff gezogen, daß die mit Seilen, (daran die Eimer hangen) belegte Wellen, durch Kamp-Räder, von Pferden umbgetrieben, und die voller Sole herauskommende Eimer, dergestalt in Tröge ausgegossen werden, daß die Sole darauf, durch darzu gemachte, in der Erden liegende hölzerne Rinnen, Wendelitzen genant, in die Kothe läuffet;

§ 10. Sie sieden gleichfals in Eisernen Blech-Pfannen, zwo Stücke Salz auff einmahl.

§ 11. Die Kothe, mit darzu gelegter Sole, seynd theils Lehn, theils Erbe, und, ausser zweyen, die zum Fürstl. Ambt und Schlosse, Alten Staßfurt gehören, etzlicher Adelichen Familien Eigenthum. Als da seynd itziger Zeit:

Die von Hackeborn.   die Zincken.
die Legaten.   die Halcken.
die von Werdensleben.   die von Schladen.
die von der Tanne.   die von Bidersee.
die von Wülffersdorff.   die Hacken.

§ 12. Die vormaligen nunmehro aber alldar abgegangene Adeliche Familien, seynd nachfolgende, als:

Die von Krosigk.   die von Schlannewitz.
die von Dreskau.   die von Staupitz.
die Katten.   die von Angern.
die von Bendeleben.   die von Esebeck.
die von Arnstedt.   die Staken.
die von Weddingen.   die Sultzen.
die Voite,   die Trapel.

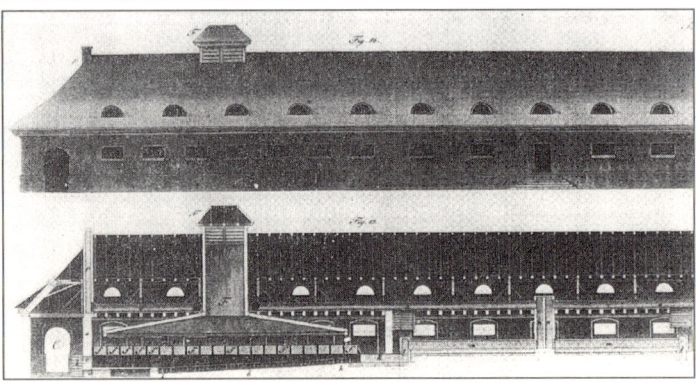

Exkurs über das Staßfurter Salzwerk in der Beschreibung des hallischen Salzwerkes von Hondorff, 1670

Siedehaus einer Saline im 19. Jahrhundert nach Langsdorf; ein ähnliches Siedehaus wurde in Staßfurt nach der Verstaatlichung der Saline 1797 errichtet. nach Emons/Walter

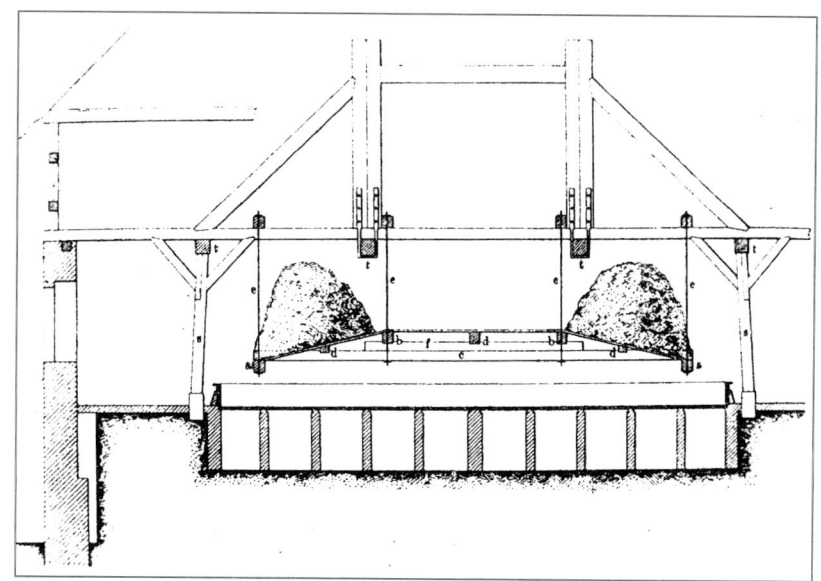

Schematischer Durchschnitt durch ein Siedehaus und Siedepfanne
Das neue Siedehaus der staatlichen Staßfurter Saline von Norden gesehen,
um 1800

Saline Bad Frankenhausen;
Lithographien um 1820 und 1850;
Bei dieser Saline fallen die Gradierwerke zur Anreicherung der Sole auf, die in Staßfurt nicht erforderlich waren.
Die Saline auf dem Hallmarkt zu Halle;
am Anfang des 19. Jhdt.

Die Saline Groß-Salze (Salzelmen) im Jahre 1862

Das Salzwerk zu Dürrenberg
Lithographie um 1850;

Die Eröffnung des Staßfurter Salzbergbaus am 31. 1. 1852

Im 18. Jahrhundert erfolgte ein allmählicher Niedergang der Staßfurter Saline. Auch alle technischen Verbesserungen im Siedebetrieb konnten den wirtschaftllchen Ruin nicht aufhalten, zumal der Konkurrenzdruck sehr stark war. Verglichen mit der staatlichen königlichen Saline Halle konnte die Staßfurter Pfännerschaft das Salz nur zum 6 1/2fach höheren Preis erzeugen. 1771 befanden sich von 26 pfännerschaftlichen Koten 8 1/4 im Konkurs, und 1797 lagen 6 überhaupt wüst.

Man sah schließlich wie auch die pfännerschaftlichen Salinen in Groß-Salze und Kolberg nur einen Ausweg: Der preußische Staat sollte das Salzwerk käuflich erwerben. Von 1797 bis 1857 wurde also die Saline noch staatlich betrieben, nachdem eine Reihe von Rationalisierungsmaßnahmen durchgeführt waren. Z. B. wurden die alten Kote abgebrochen, und man baute ein großes massives Siedehaus, das 60,6m lang und 14 m breit war. Parallel zum Siedebetrieb wurden 1839 bis 1851 Versuchsbohrungen auf dem Staßfurter Salinengelände niedergebracht, da man sich von der richtigen Einsicht leiten ließ, daß dort, wo Salz in Form von Sole zutage tritt, sich auch eine Salzlagerstätte befinden muß. Auf Initiative des Geheimen Bergrats v. Carnall (Denkschrift vom 12.6.1851) beschloß man am 20. und 21. 11. 1851 endgültig, zwei Schächte abzuteufen. Man hoffte, ein reines Steinsalz als Speisesalz bergmännisch fördern zu können. Die Entwicklung ging dann allerdings in eine ganz andere Richtung und machte Staßfurts Kalisalzbergbau weltberühmt.

Am Barbaratag, dem 4. 12. 1851, erfolgte auf dem Salinenhof der Anhieb des 1. Schachtes, der nach dem Handelsminister von der Heydt benannt wurde. Am 31. 1. 1852 wurde sodann im Beisein des preußischen Ministerpräsidenten v. Manteuffel und des Ministers für Handel, Gewerbe und öffentliche Bauten v. d. Heydt der 2. Schacht, der den Namen "v. Manteuffel" erhielt, in einem würdigen Festakt eröffnet. (7)

Über diese Eröffnungsfeier informiert ein heute fast vergessener Bericht, dem hier einige Passagen entnommen werden sollen. (28)

"Von Alt-Staßfurth in die Stadt hinauf bis zur Wohnung des Herrn Amtsrat Bennecke, woselbst die Herrn Minister ihr Absteigequartier nehmen sollten, wurden haushohe Flaggenstangen errichtet, auf dem Salinenhof selbst (heute das parkartige Grundstück mit dem Bergmannsdenkmal vor der ehemaligen Berginspektion) war um den künftigen zu eröffnenden Schacht herum mittelst solcher Flaggenstangen ein großes Viereck gebildet, links und rechts

Tribünen für die Damen, und auf der einen Seite der Platz für die Herrn Minister, dem gerade gegenüber der Ort für den Festredner. Früh Morgens am 31. Januar waren die Flaggenstangen mit schwarzweißen (preußischen) Fahnen geschmückt mit Grün umwunden und gewährten sowohl auf den Straßen wie auf dem Salinenhofe einen imposanten herrlichen Anblick; dazu aus allen Häusern flaggeten mächtige schwarzweiße Fahnen, Guirlanden waren über die Straßen gezogen und zierten die Häuser ...

An der Brücke, welche über die Bode hinweg zur Stadt führt, wurden die Herrn Minister auf einem geschmückten Platze von den Bewohnern des Dorfes Alt-Staßfurth empfangen. Es hatten sich am Empfangsorte der Geistliche des Ortes im Ornate, die Schule unter Führung ihres Lehrers, des Herrn Cantor Röber, die Bewohner des Dorfes mit ihren Vorstehern dem Schulzen Freytag, den Schöppen Drachau und Lindemann in ihren Sonntagskleidern aufgestellt. Ein freudiger Zuruf empfing die hochver-

Die Feier
der
Eröffnung des Förderschachtes
im
Steinsalz-Bergwerke zu Stassfurth
am 31. Januar 1852.

Ihren Excellenzen
dem Herrn Minister-Präsidenten Freiherrn
von Manteuffel
und
dem Herrn Minister für Handel, Gewerbe und öffentliche Bauten
von der Heydt
ehrfurchtsvoll gewidmet
von den
Bewohnern der Stadt Stassfurth und des Dorfes Alt-Stassfurth.

Aschersleben 1852.
Druck und Verlag von Eduard Guth.

ehrten, sehnlichst erwarteten Gäste. Der Prediger Freydanck trat an den Wagen und sprach folgende Worte:

"Geruhen Ew. Excellenzen, ehe sie die Stadt Staßfurt betreten, die Huldigungen der kleinen Dorfgemeinde Alt-Staßfurth anzunehmen. Unser Dörflein ist die Mutter der Stadt, aber die Tochter ist im Laufe der Jahrhunderte größer und vornehmer geworden als die Mutter: dennoch sind es die Bewohner unseres Ortes, etwa 900 an der Zahl, größtenteils Fabrik- und Bergarbeiter, die den innigsten Anteil nehmen an dem Feste, zu dessen Feier Eure Excellenzen zu uns gekommen sind. Wir erwarten von dem Werke, das hier begonnen werden soll, Arbeit, Nahrung und einen regen Verkehr. - Was mich betrifft, so rufe ich Ew. Excellenzen zu: 'Gelobt sei, der da kommt im Namen des Herrn!'" ...

Darauf traten die beiden ersten Mädchen der Schule an den Wagen der Herrn Minister; jedes trug ein weißes Atlaskissen mit schwarzweißen Schnüren eingefaßt, darauf ein Bouquet von Orangen(blüten), Myrten, von einem weißen Atlasbande zusammengehalten ... In der Stadt selbst brachte der stellvertretende Bürgermeister Dr. Geiß den Willkommen der Stadt mit folgenden Worten dar: "Die alte, treue Stadt Staßfurth begrüßt Sie in ihren Mauern hochachtungsvoll, ehrerbietigst ... Sie ist von Dank erfüllt, daß Sie ihre Bitte gewährt und die Gnade gehabt haben, durch Ihre Gegenwart das heutige Fest verherrlichen zu wollen ..."

Um 11 Uhr hatten sich die Theilnehmer am Festzuge auf dem Markte der Stadt versammelt. Es war so bestimmt, daß der Festzug vor dem Absteigequartier der Gäste (ehemalige Poliklinik in der Pestalozzistraße) vorbei und hinab zum Salinenhofe sich bewegen sollte ... Voraus die Schulen der Stadt und des Dorfes geführt von den Herrn Lehrern, dann das städtische Musikcorps des Herrn Dannenberg, gefolgt vom Musikverein der Stadt unter Führung der Herren Wiermann und Busse. Hierauf unter Führung des Herrn Oekonomen Böttcher, Herrn Kaufmann Kiesel und den Bürgern Zevenger, Klinck und Sandau die Einwohner der Stadt ...

Zu Fuß traten (auch) die Herrn Minister den Weg an. Am Tor des Salinenhofes angekommen wurden sie von dem Vertreter der Salinenarbeiter Richter begrüßt, und es wurde ihnen nach altem Brauch der St. Laurentii Salzwirker-Brüderschaft mit einem alten gläsernen Humpen vom Jahre 1654, mit dem Wappen des Heiligen Römischen Reichs geziert, Willkommen geboten.

Der ganze Salinenhof war Kopf an Kopf mit Menschen besetzt, die Dächer mit Zuschauern übersät, denn jeder wollte der eigentlichen Festfeier möglichst nahe beiwohnen ... Es trat der Berggeschworene Oemler vor und verlas den kurzen Bericht über das aufgefundene Salzlager. Am Schlusse seines Berichts bat der Geschworene den Herrn Minister von der Heydt, dem neu zu eröffnenden Schacht einen Namen zu geben. Der Minister erwiderte, daß er als Chef des Bergwesens keinen Namen wisse, an den sich schönere Erinnerungen für alle treuen Preußen knüpften als den Namen d e s Mannes, der so viel fürs Vaterland getan, des Herrn v. Manteuffel ...

Freiherr von Manteuffel
Ministerpräsident 1850 - 1858
zeitgenössische Lithografie, um 1848

Mit dem Liede "Bis hierher hat uns Gott gebracht" begann die religiöse Feier. Der erste Geistliche der Stadt, Oberprediger Dr. Schild, hielt die Festrede. Darin hieß es: "Denn - es ist auf Hoffnung, was wir heute hier beginnen! - Und mehr noch! Der Bergmann, der hinabfährt in der Erde Tiefe - Gefahr ist's überall, die ihn umgibt, ja oftmals gräbt er sich mit eigener Hand sein stilles Grab! - Wer kann da sicher leiten, helfen, schützen und bewahren, wenn Der's nicht tut, der eure Haare auf dem Haupte zählt? Der starke, treue Gott - der aber will gebeten sein: Darum zu Ihm hinauf laßt heute eure Herzen schlagen, daß er in Seinen starken Schutz dies Werk und seine Förderer nehme! ... Wir haben einen Gott, der da hilft: Zu Ihm denn laßt uns beten: Du treuer Gott, Herr Zebaoth, - von Dir kommt jede gute Gabe! Auch diese Gabe, die hier schlummert in der Tiefe, Du beut'st (bietest) sie uns, nimm unsern heißen Dank! ... Den Bergmann segne, der hinabfährt in den dunklen Schacht! Die Männer segne, die mit Rat und Tat am Werk hier helfen! Vor allem unsern teuern, lieben König segne und die Männer, die die Treue ihm bewährt, daß sie in Frieden und mit Freuden unser Aller Wohl auch ferner bauen können! ... In Deinem Namen legen wir die Hand an's Werk! Glück auf! Die auf den Herren harren, werden nicht zu Scha(n)den werden!"

Nach dem Schlusse dieser Festrede wurde den Herren Ministern die Keilhaue zum Eröff-nen des Werkes überreicht. In dem selben Augenblicke, als der Herr Ministerpräsident das Werk anhieb, wurde die Fahne mit der Inschrift "Schacht von Manteuffel" aufgehißt; es teilten sich die Wolken, ein freundlicher Sonnenstrahl fiel grüßend auf das neu zu eröffnende Werk und galt allen Anwesenden als ein schönes "Glück auf" von oben her ...

Oberprediger Dr. Friedrich Wilhelm Schild
(1814 -1877), von 1842 - 1877 an St. Johannis tätig;
(nach einer Photographie umgezeichnet von M. Marzahn)

Der stellvertretende Bürgermeister Dr. Geiß nahm das Wort und sprach:

"Habt acht!
Halt' mit Wacht
An diesem Schacht
Du liebe Vaterstadt!
Daß er niemals untergehe,
Daß er fort und fort bestehe
Zum Wohl der Stadt.

Aus zehntausend Bergmannshänden
Mög' er seine Schätze senden,
Segensfülle spenden
Für Stadt und Staat.
Niemals hör' man aus ihm Wehe,
Allen drin es wohlergehe!
Gottes Segen ruhe drauf!
Glück auf!" (28)

Eröffnung des Staßfurter Salzbergbaus am 31.1. 1852;
zeitgenössische Lithographie

Von den Reden auf dem Bankett im Haus des Amtsrats Bennecke, das den Tag beschloß, ist die des Oberbergrats v. Carnall in ihrer liebenswürdigen und mit feinem Humor gewürzten Art bemerkenswert. Sie spiegelt so recht das noble Naturell dieses bedeutenden preußischen Bergbeamten wider.

"Meine Herren! Es ist ein eigenes Völkchen in die Mauern dieser Stadt jetzt eingezogen, das Völkchen der Bergleute... Ich habe viel Großes und Schönes gesehen auf meinen Reisen in den letzten Jahren; ich habe in England große Maschinen und ausgezeichnete Einrichtungen gesehen, ich habe geschickte Maschinisten und geübte Arbeiter gesehen, aber einen Bergmann - nein, den habe ich dort nicht gesehen. Begegnete mir da so ein Master in seinen weiten Kohlegruben in Wales, dem gab ich meine Karte, und als er meinen Namen gelesen, fragte er mich, 'ob das Schlägel und Eisen ein Freimaurerzeichen sei', daran können Sie sehen, daß es dort keinen Bergmann gibt...

Meine Herren! Auch zu unsern Bergleuten ist in den vergangenen Zeiten der Versucher getreten und hat ihnen mit schönen glatten Worten goldene Berge verheißen. Aber unsere Bergleute sagten: das wissen wir besser, daß das Gold nicht in großen Bergen vorkommt, sondern daß es in schwachen Adern über die ganze Erde vertheilt ist, und daß mancher Tropfen Schweiß dazu gehört, um dasselbe zu sehen und zu Tage zu fördern. Und daraus zogen die Knappen die weise Lehre, daß der Mensch im Schweiße seines Angesichts sein Brot verdienen müsse - und sind dem Versucher nicht gefolgt. - Meine Herren, wir hoffen, daß auch diese Stadt uns freundlich in ihren Mauern aufnehmen wird, daß dieselbe als jüngste unter den Bergstädten hochaufblühen möge unter den Schwesterstädten und alle Schwestern weit hinter sich zurücklasse, daß sie eine neue Quelle des Wohlstandes über unser ganzes theures Vaterland ausbreiten und wohl, als Zeichen ihres Einverständnisses, das Schlägel und Eisen in ihr Wappen aufnehmen und in ihren Mauern kein andrer Gruß, als das herzliche bergmännische 'Glück auf' gehört werden möge. Es werden wohl auch manche kleine Unannehmlichkeiten und Differenzen stattfinden, denn man hat ja ein altes Bergmannssprüchwort: '12 Bergleute, 13 Wege, der eine muß für den Steiger bleiben'; aber, meine Herren, solche Kleinigkeiten berühren uns nicht; - wir wollen zum gegenseitigen Gruß ein frohes herzliches 'Glück auf' trinken."

Es war nicht anders möglich, als daß dieser in der herzlichsten Weise ausgesprochene Toast den herzlichsten Anklang fand, hinüber und herüber wurde in fröhlichster Weise gestritten, ob das Schlägel und das Eisen in das Stadtwappen aufzunehmen seien, oder nicht, ob Berg- und (oder) Ackerbau den Vorzug verdiene, bis der Herr Ministerpräsident den Streit schlichtete, indem er ein Pereat ("Nieder") brachte allen denen, die zerstören, ein Vivat ("Hoch") allen denen, die bauen. (28)

Der Festredner der Einweihungsfeier, Oberprediger Dr. Schild, scheint ein energischer und tatkräftiger Mann gewesen zu sein, der sich sehr um die Belange der einfachen Menschen seiner Gemeinde kümmerte. Als in den vierziger Jahren des vorigen Jahrhunderts infolge von Mißernten Hungersnot herrschte, plünderten

Staßfurter Landarbeiter in ihrer Verzweiflung die Kartoffelmieten der umliegenden Domänen und Rittergüter. Durch harte Urteile der Gerichte wurden viele Familien in grenzenloses Elend gestürzt. In dieser Situation erreichte Schild in einer Audienz beim Preußenkönig Friedrich Wilhelm IV. die Kassation (Aufhebung) der Urteile und Begnadigung sämtlicher Verurteilten. In einer Festpredigt "Unser Königs-Geburtstags-Gebet", gehalten am 15. 10.1855, schilderte der Oberprediger noch einmal seine Bemühungen im sogenannten "Warmsdorfer Kartoffelkrieg" von 1847.

Geheimer Oberbergrat Rudolph Arwid v. Carnall; seine Denkschrift vom 12. 6. 1851 leitete in Staßfurt das Zeitalter des Salzbergbaus ein; Lithografie von Kreyher (Deutsches Bergbaumuseum Bochum)

Otto Freiherr von Manteuffel mit Gattin
preußischer Ministerpräsident;
Photographie um 1860,
Kupferstichkabinett Dresden

August von der Heydt,
preußischer Minister für Handel und Gewerbe;
Lithographie von Schwabe,
Westfälisches Landesmuseum Münster

Altersbildnis des Ministers
August von der Heydt;
1801 - 1874;
Photographie um 1870

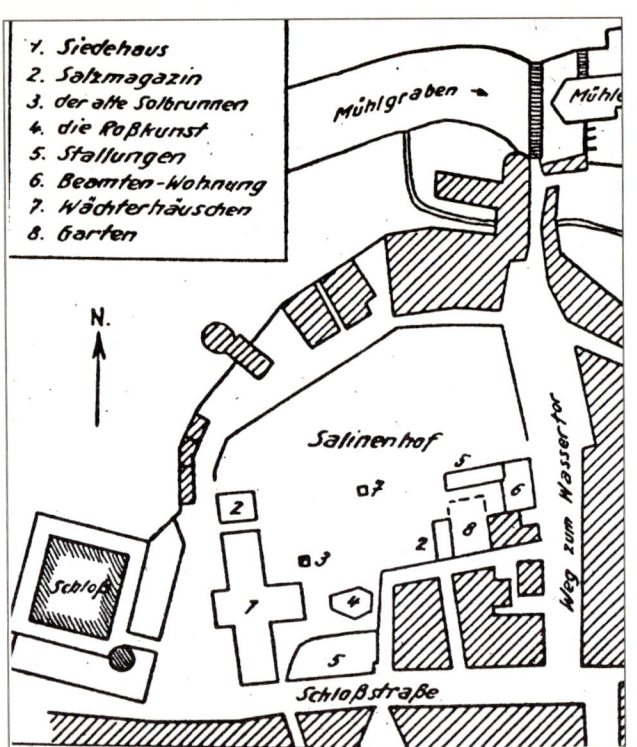

1. Siedehaus
2. Salzmagazin
3. der alte Solbrunnen
4. die Roßkunst
5. Stallungen
6. Beamten-Wohnung
7. Wächterhäuschen
8. Garten

N.

Salinenhof

Schloß

Schloßstraße

Mühlgraben

Mühle

Weg zum Wasser

Plan der Saline Staßfurt
aus dem Jahre 1817;
Festschrift: 100 Jahre Staßfurter Salzbergbau,
Anhang

Bohrturm am Brandhof;
alte Zeichnung um 1850 (?)

Schächte von Manteuffel und
von der Heydt;
um 1865,
zeitgenössische Lithographie

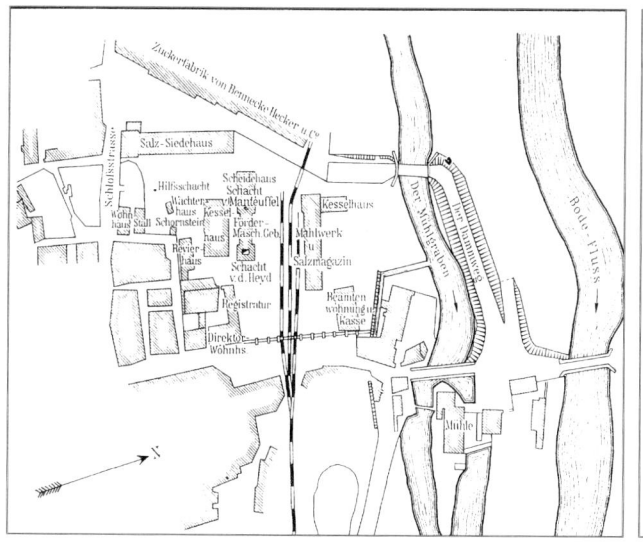

Plan des
Königlichen Salzbergwerks zu Staßfurt
um 1865

Profil des Staßfurter Salzlagers,
Schächte von Manteuffel und von der Heydt.
nach: E. Pfeiffer, Kali-Industrie, 1887

Profile der Staßfurter
Salzlagerstätten,
aus: Bischof:
"Die Steinsalzwerke
bei Staßfurt",
Halle 1864;
Die in der zweiten
Reihe rechts
abgebildeten
Boracit-Knollen
bekamen den
Mineraliennamen
Staßfurtit.

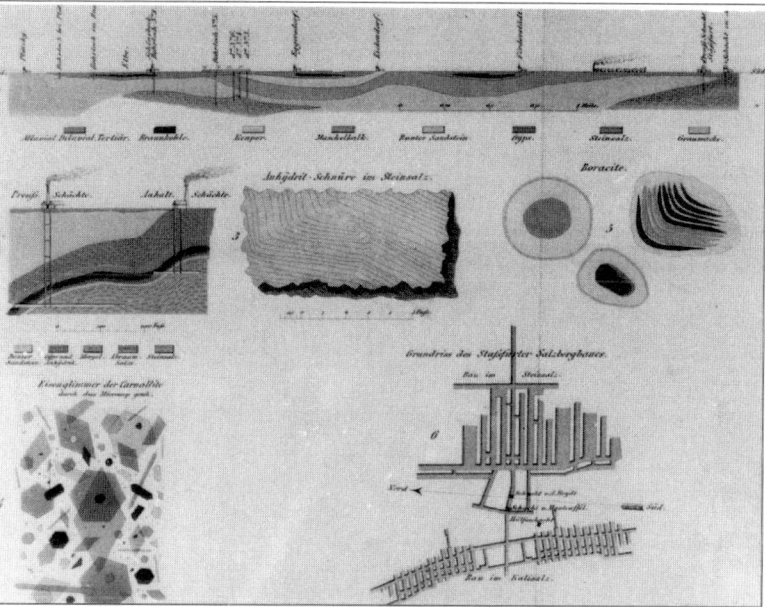

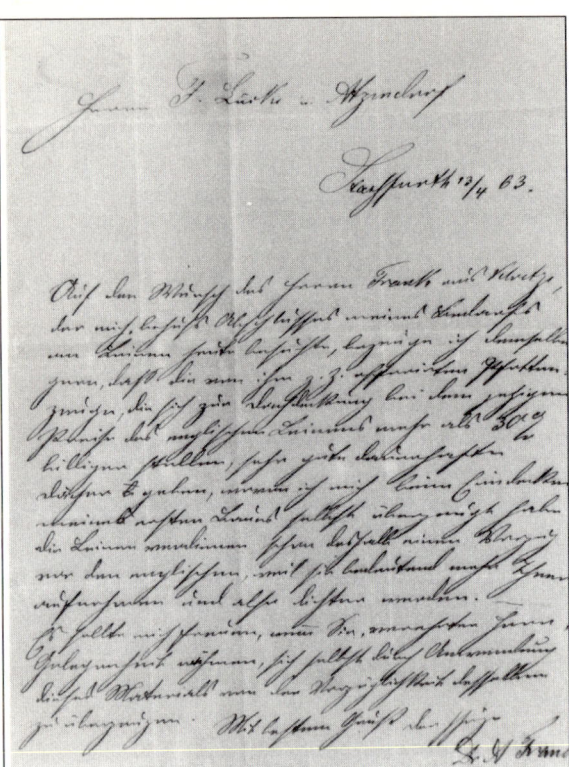

Eigenhändiger Brief des Dr. Adolph Frank
vom 13. April 1863

Dr. Adolph Frank,
Generaldirektor der
"Vereinigten Chemischen Fabriken Leopoldshall",
um 1875

Alte Zuckerfabrik von Bennecke und Hecker,
um 1850;
An ihr war Dr. Adolph Frank
zunächst als Chemiker tätig.

Sprengung des letzten Schornsteins der Benneckeschen Zuckerfabrik,
am 3. August 1907

vor dem Zusammenfallen   während des Fallens

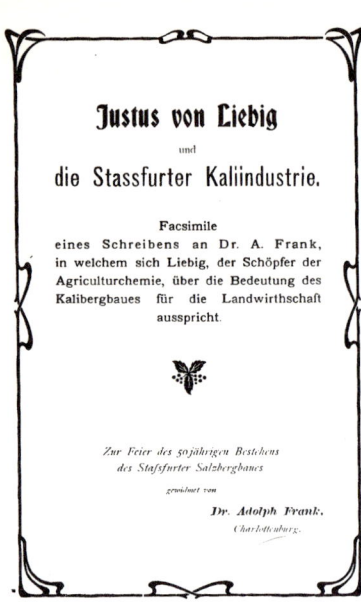

Brief Justus von Liebigs an Dr. Adolph Frank,
Deckblatt und faksimilierte Briefseite,
in der vorletzten Zeile die Unterschrift Liebigs;
Das Laboratorium Justus von Liebigs in Gießen;
zeitgenössische Reproduktion

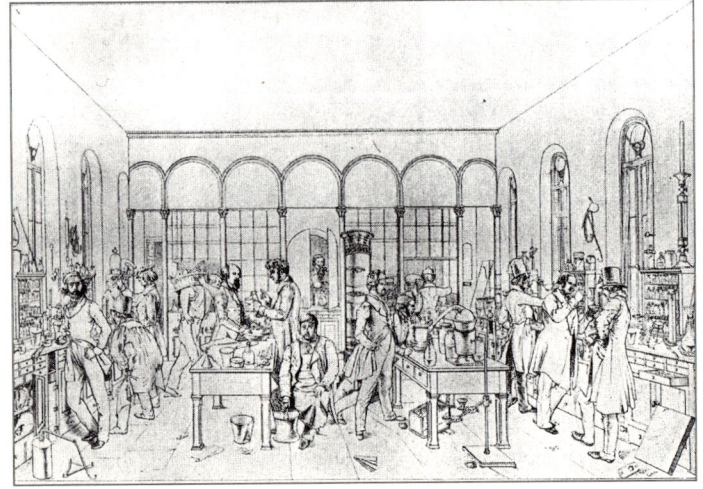

Justus von Liebig,
bedeutender deutscher Chemiker
des 19. Jahrhunderts;
Universitätsprofessor in Gießen und München.
Er trat mit Dr. Frank in einen Briefwechsel
über die Möglichkeiten
der "künstlichen" Düngung.
Dabei wurde der Einsatz der in Staßfurt
gefundenen Kalisalze in der
Landwirtschaft erörtert.

Die Eskalation der chemischen Industrie in den Jahren von 1861 bis 1872

Der Betrieb der beiden Salzschächte befriedigte zunächst keinesfalls. Zwar hatte man das gewünschte Steinsalz erschlossen, fand es aber durch Anhydrit ($CaSO_4$) bzw. Gips ($CaSO_4 \cdot 2\ H_2O$) reichlich verunreinigt. Noch mehr Sorgen bereiteten der Bergwerksverwaltung die gewaltigen Mengen an "bunten" Salzen, die Kalium und Magnesium vorwiegend an Chlor gebunden enthielten. Sie lagerten über dem Steinsalz ($NaCl$). Da eine Verwendung dieser "Abraumsalze" nicht möglich zu sein schien, schüttete man sie einfach auf Halden, die vom Salinen- bzw. Schachthof bis zur Bode reichten.(3)(35) Schon 1856 benannte der berühmte Chemiker H. Rose das wichtigste in Staßfurt auftretende Kalimineral nach v. Carnall als "Carnallit" ($KCl \cdot MgCl_2 \cdot 6\ H_2O$).

Dr. Adolph Frank, der seit 1858 Chemiker an der Staßfurter Zuckerfabrik von Bennecke und Hecker war, stellte nun fest, daß die Vegetation in der Nähe der Abraumhalden besonders üppig war. Die Volksüberlieferung weiß von dem "verrückten Doktor" zu berichten, der am Fuße der Salzberge "umherstrich" und den Wuchs des Unkrauts beobachtete. In diese Zeit fallen auch die aufsehenerregenden Forschungen von Justus v. Liebig, die sich mit der Ernährung der Pflanze und der künstlichen Düngung befaßten. Liebig erkannte, daß die Pflanze vornehmlich drei Elemente für ein gesundes Wachstum benötigt: Stickstoff, Phosphor und Kalium. Auf Grund seiner Veröffentlichungen begann sich ein Briefwechsel zwischen ihm und Dr. Frank anzubahnen. Frank wies darauf hin, daß die Staßfurter Abraumsalze das begehrte Kalium in großer Menge enthielten. Allerdings stand der direkten Anwendung der Kalisalze in der Landwirtschaft der für die Pflanze schädliche hohe Chlorgehalt - aus Magnesiumchlorid und verunreinigendem Natriumchlorid - im Wege. Aus diesem Grunde begann Frank mit Versuchen, die darauf abzielten, das Kaliumchlorid bzw. Chlorkalium rein aus den Abraumsalzen zu isolieren. Am 21. 3. 1861 bekam er ein Patent zugesprochen, daß die Herstellung des Chlorkaliums zum Inhalt hatte. Es beruhte auf dem "Calcinieren" (hier soviel wie Erhitzen auf hohe Temperaturen) der Salze zwecks Zerstörung des lästigen Magnesiumchlorids im Carnallit. Damit war der Grundstein für einen wichtigen Zweig der anorganisch-chemischen Industrie gelegt worden.

Das Verdienst Franks wurde von Liebig mit den Worten gewürdigt: "Durch die wohlfeile Darstellung und Verbreitung dieses so wichtigen Düngemittels verdienen Sie den Dank aller Landwirte." (Brief vom 26. 2. 1865 an Frank.)

In einem amtlichen Gutachten aus dem Jahre 1859 heißt es bereits: "Dem Dr. Frank gebührt daher unbestreitbar das Verdienst, das Steinchen zur demnächstigen schnellen Entwicklung der Staßfurter Kaliindustrie ins Rollen gebracht zu haben." (11)

Im Oktober 1861 eröffnete Frank eine kleine Fabrik in der Atzendorfer Straße (bis heute im Werksgelände des CAS, Chemieanlagenbau Staßfurt - früher Apparatebau von Sauerbrey und Großpietsch -, wo die Löderburger Verbindungsbahn die Atzendorfer Straße kreuzt). Allerdings hat er sein Patent im Großen nie zur Anwendung gebracht. Er wandte gleich ein im Prinzip noch heute übliches Löseverfahren an. Vor dem heißen Lösen meist nicht in Wasser, sondern in Magnesiumchloridlauge, die damit teilweise in einen Kreisprozeß einging, wurden die rohen gemahlenen Salze mit kaltem Wasser zur Entfernung eines Teils des Chlormagnesiums und des Steinsalzes "gedeckt". Diese Produktionsweise geht im wesentlichen auf den Baumeister Fölsche und den Apotheker Löfaß zurück (Patent vom 30. 4. 1862).

Inzwischen waren auch bereits bestehende Fabriken dem Problem der Chlorkaliumproduktion nähergetreten. Die Firma Vorster und Grüneberg, die in Kalk bei Köln eine Pottasche- und Salpeterfabrik betrieb, begann am 1. 12. 1861 mit dem Bau einer größeren Fabrikanlage, die im Frühjahr 1862 den Betrieb aufnahm und im Volksmund den Namen "Sülze" (nach der

schon erwähnten Gemarkungsbezeichnung) erhielt. Es handelt sich dabei um das Gelände der späteren Staßfurter Tonmöbelfabrik.

Der Mitinhaber Dr. Julius Grüneberg hatte

Fig. 27.

"Löseturm" mit Lösekesseln für Rohsalze (z.B. Carnallit) für die Firma Nette, Faulwasser & Co. in Leopoldshall (später Etablissement III der Chemischen Fabrik Concordia) eingerichtet

unabhängig von Frank und Löfaß das Löseverfahren zur Zerstörung des Carnallits gefunden. Neben Vorster & Grüneberg waren es Leisler & Townsend aus Glasgow, die 1862 eine für die damalige Zeit beachtlich große Fabrik, die sogenannte "Engländerfabrik", mit weitgehend mechanisiertem Betrieb errichteten. Diese Fabrik, die nach der Jahrhundertwende abbrannte, lag auf dem Gelände der späteren Drahtindustrie am 2. Bodeübergang.

Das Feuer brach am 5. Oktober 1902 gegen 18 Uhr aus. Als die Feuerwehr anrückte, standen sämtliche ausgedörrten hölzernen Dachkonstruktionen in Flammen. In letzter Minute hatte ein leitender Angestellter den Dampf von den damals noch seltenen Hochdruckkesseln (englischer Bauart) abgelassen. Damit war ihre Explosion mit unabsehbaren Folgen für die Schornsteine verhindert worden.

Bei dieser größten Staßfurter Brandkatastrophe in neuerer Zeit war die Hitzeentwicklung zeitgenössischen Berichten zufolge so groß, daß auf der vorbeiführenden Magdeburg-

Produktionsanzeige der Fa. Sauerbrey, um 1910

Erfurter-Eisenbahnstrecke Metallteile an fahrenden Zügen schmolzen. Der Zugverkehr mußte eingestellt werden. Auf Grund des starken Funkenflugs war die ganze Nacht über die Stadt erheblich gefährdet.

Bereits 1897 war die "Sülze" (Staßfurter Chemische Fabrik, Etablissement I) bis auf die Grundmauern niedergebrannt. Diese Fabrik - auf dem Gelände der Tonmöbelfabrik - lag aber damals außerhalb der Stadt. Während die "Sülze" wieder aufgebaut wurde, blieb die "Engländerfabrik" jahrelang als ein Trümmerfeld, überragt von zwei hohen Fabrikschornsteinen, ungenutzt liegen.

Auch in Leopoldshall erfolgte ein rapider Aufschwung der kaliverarbeitenden Industrie. Der Grund dafür war in der guten Qualität der in den Schächten Leopoldshall I und II an der Bernburger Straße geförderten Salze zu suchen. Innerhalb von 10 Jahren (1862 - 1872) stieg die Anzahl der chemischen Fabriken in Staßfurt - Leopoldshall auf 33 an. (Siehe Verzeichnis im Anhang.)

Im Stadtbild fielen besonders zwei Industriegelände auf: das eine an der Löderburger Bahn (hier arbeitet heute noch die Sodafabrik), das andere die Bernburger- und Fabrikenstraße umfassend. Mit den hastig aus dem Boden gestampften, dürftig ausgestatteten Fabriken und häßlichen Mietskasernen kontrastierten die Villen der Fabrikbesitzer und -direktoren. Aus aller Herren Länder war ein entwurzeltes Proletariat zusammengeströmt, das in der Fremde sein Glück zu machen hoffte. Nicht selten waren es auch Menschen, die mit dem Gesetz in Konflikt geraten waren und hier Unterschlupf suchten. Die Kriminalität stieg in beängstigendem Maße. Jeder Sonntag forderte nach zeitgenössischen Polizeirapporten einen Toten durch Messerstechereien!

In der Schilderung eines Fabrikbesitzers heißt es: "Die Umgebung spottete jeder Beschreibung. Man versank buchstäblich im Winter, wenn man nur einen Fuß vor die Tür setzte. Im ganzen Ort kein grünes Blatt, nur rauchende Schornsteine in Mengen; höchst unsympathische Kollegen und pöbelhafte Proleten in den Straßen!" (Graf Sh. Douglas)

Die explosionsartige Entwicklung der Kaliindustrie erwies sich bald als Scheinblüte: Es kam zur Überproduktion und zu Krisen. Die größeren und besser geleiteten Fabriken suchten Mittel und Wege, um aus der Sackgasse herauszukommen. Man mechanisierte einerseits die Fabrikanlagen und stellte sich andererseits auf eine reichere Produktpalette um. Schon 1863 reichten Leisler & Townsend ein Patent auf Darstellung des Magnesiumchlorids aus der Endlauge der Chlorkaliumgewinnung ein. Die Fabrik von Ziervogel & Tuchen (später Vereinigte Chemische Fabriken Leopoldshall, Etablissement VI) entwickelte ein Patent zur Herstellung von Glaubersalz (Na_2SO_4) bei Winterkälte. Man pumpte dazu die im Jahr anfallenden Abfallsalzlösungen von Magnesiumsulfat und Natriumchlorid in riesige hölzerne oder eiserne Bassins. In einer Frostnacht konnten bis zu 1500 Doppelzentner Natriumsulfat auskristallisieren. Die Bittersalzherstellung ($MgSO_4 \cdot 7H_2O$) aus Kieserit ($MgSO_4 \cdot H_2O$) und die Umsetzung von Kaliumchlorid und Bittersalz zu Kaliumsulfat, welches zu Pottasche nach dem Leblanc-Verfahren verarbeitet wurde, waren "Kreationen" der chemischen Fabrik Vorster & Grüneberg. Der Bromgehalt der bei der Chlorkaliumherstellung anfallenden Endlaugen wurde Ausgangspunkt einer bedeutenden Bromerzeugung, wobei das Brom durch Chlorgas ausgetrieben bzw. nach einem älteren Verfahren mit Braunstein und konzentrierter Schwefelsäure abgeschieden wurde. (13) (30)

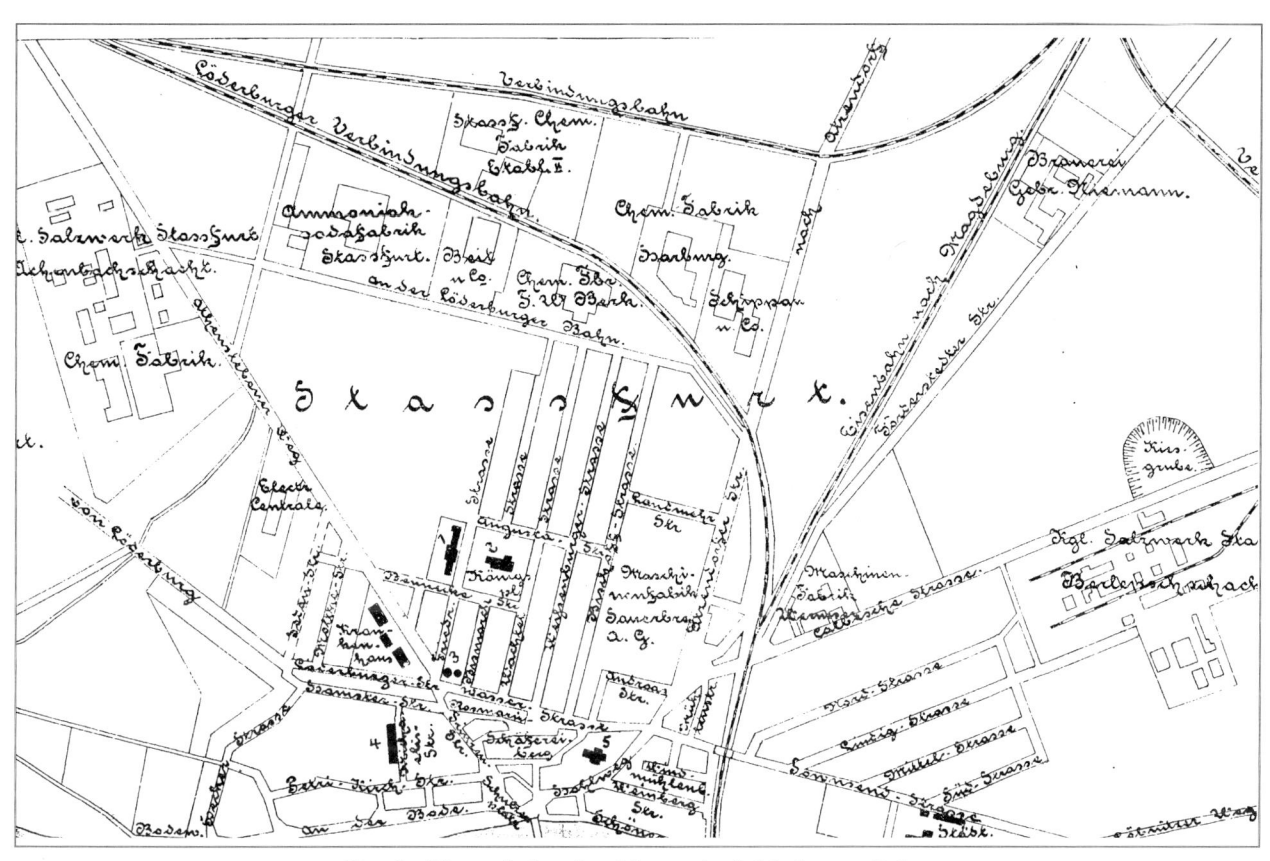

Das Staßfurter Industriegebiet an der Löderburger Bahn;
Ausschnitt aus dem Stadtplan von F. Reuter;
1910

Schwefelsäurefabrik nach dem Bleikammerverfahren,
Rösthaus, ein Glover-Turm, zwei Gay-Lussac-Türme
und drei turmartige Bleikammern.
Eine entsprechende Anlage arbeitete bei der Staßfurter
Chemischen Fabrik, Etablissement II.

Chemische Fabrik Harburg-Staßfurt
an der Löderburger Verbindungsbahn,
im Jahre 1912;
Bei den Kalirohsalze verarbeitenden Fabriken fielen immer die hohen
Lösehäuser und die Flachbauten mit den Kristallisationsbassis auf.

Dr. Paul Mielcke,
der langjährige Direktor
("Fabrikdirigent")
der Chemischen Fabrik Harburg-Staßfurt,
Betriebsteil Staßfurt;
Photographie vom 9. September 1884

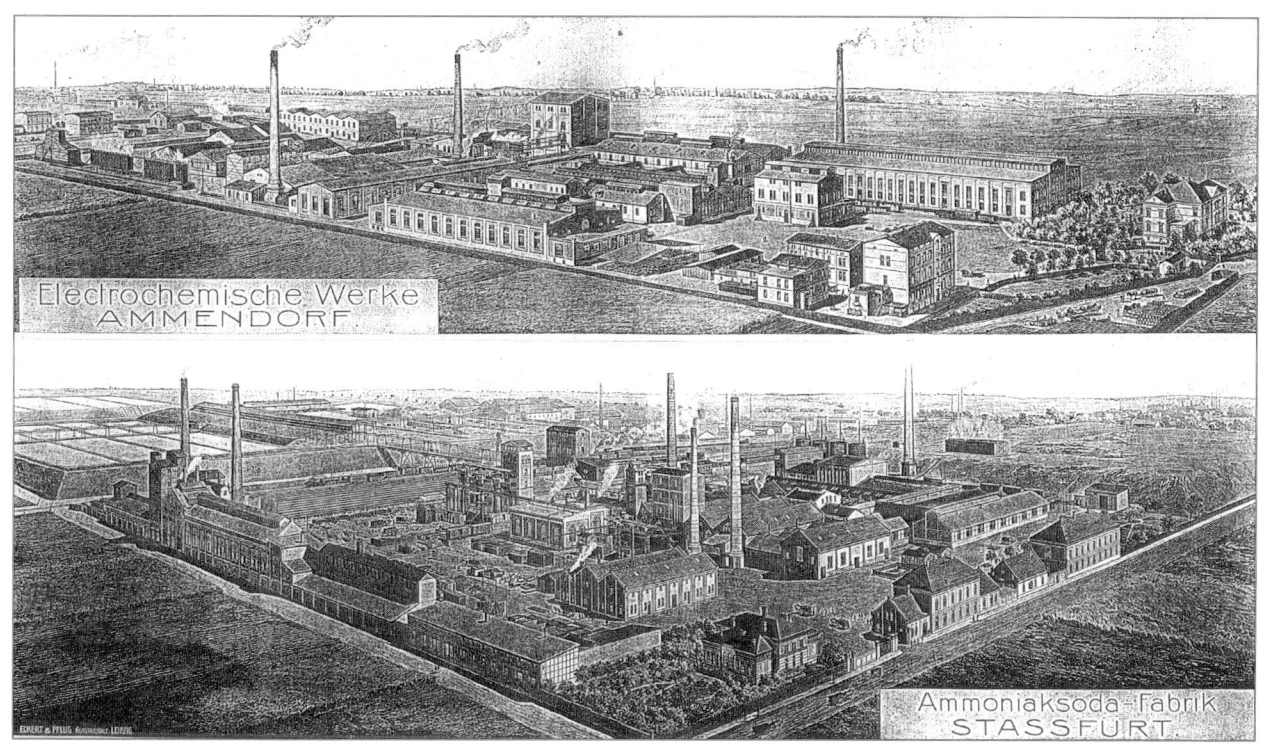

Die Staßfurter Sodafabrik
als Bestandteil der Chemischen Fabrik Buckau (die "Buckauer"),
um 1890

Ammoniaksodafabrik
Staßfurt
mit Kohlenzug
der Staßfurter
Straßen- bzw.
Kleinbahn;
um 1920

Blick zur Sodafabrik,
1990

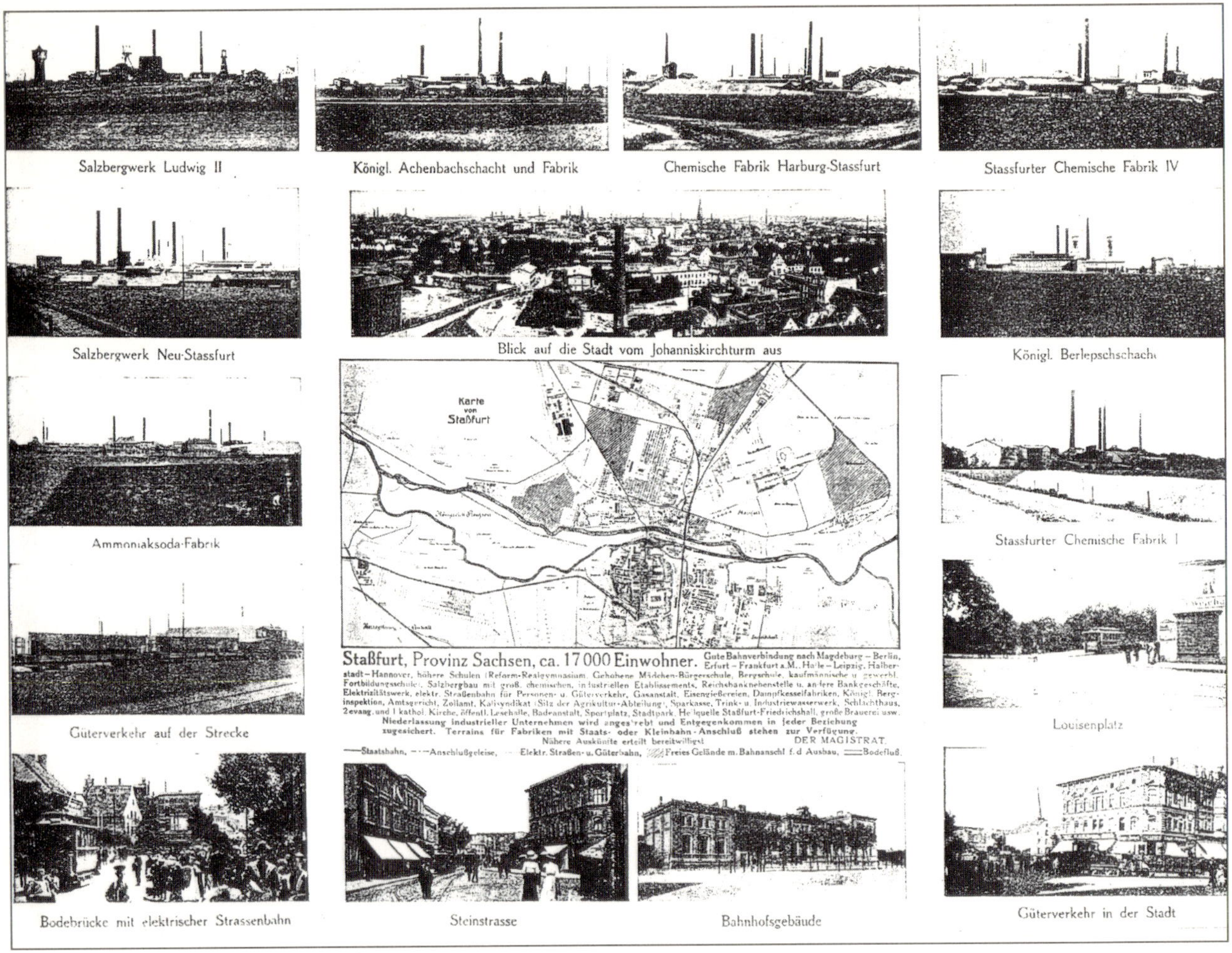
Salzbergwerk Ludwig II
Königl. Achenbachschacht und Fabrik
Chemische Fabrik Harburg-Stassfurt
Stassfurter Chemische Fabrik IV
Salzbergwerk Neu-Stassfurt
Blick auf die Stadt vom Johanniskirchturm aus
Königl. Berlepschschacht
Karte von Staßfurt
Ammoniaksoda-Fabrik
Stassfurter Chemische Fabrik I
Güterverkehr auf der Strecke
Louisenplatz
Staßfurt, Provinz Sachsen, ca. 17000 Einwohner. Gute Bahnverbindung nach Magdeburg – Berlin, Erfurt – Frankfurt a.M., Halle – Leipzig, Halberstadt – Hannover, höhere Schulen (Reform-Realgymnasium, Gehobene Mädchen-Bürgerschule, Bergschule, kaufmännische u. gewerbl. Fortbildungsschule), Salzbergbau mit groß. chemischen, industriellen Etablissements, Reichsbanknebenstelle u. andere Bankgeschäfte, Elektrizitätswerk, elektr. Straßenbahn für Personen- u. Güterverkehr, Gasanstalt, Eisengießereien, Dampfkesselfabriken, Königl. Berginspektion, Amtsgericht, Zollamt, Kalisyndikat (Sitz der Agrikultur-Abteilung), Sparkasse, Trink- u. Industriewasserwerk, Schlachthaus, 2 evang. und 1 kathol. Kirche, öffentl. Lesehalle, Badeanstalt, Sportplatz, Stadtpark, Heilquelle Staßfurt-Friedrichshall, große Brauerei usw.
Niederlassung industrieller Unternehmen wird angestrebt und Entgegenkommen in jeder Beziehung zugesichert. Terrains für Fabriken mit Staats- oder Kleinbahn-Anschluß stehen zur Verfügung.
Nähere Auskünfte erteilt bereitwilligst
DER MAGISTRAT.
Staatsbahn, Anschlußgeleise, Elektr. Straßen- u. Güterbahn, Freies Gelände m. Bahnanschl. f. d. Ausbau, Bodefluß.
Bodebrücke mit elektrischer Strassenbahn
Steinstrasse
Bahnhofsgebäude
Güterverkehr in der Stadt

Reklamenbogen (Einwickelpapier) zur Werbung für neue Industrieansiedlungen, um 1925;
Um einen Stadtplan sind Stadt- und Industrieansichten gruppiert.

Das Leopoldshaller Industriegebiet, die Bernburger und die Fabrikenstraße umfassend,
Ausschnitt aus dem Stadtplan von F. Reuter,
1910

Luftaufnahme der Chemischen Fabrik Concordia,
um 1920

Adalbert Langbein,
Fabrikdirektor der Concordia;
Ihm zu Ehren wurde ein zuerst
in Leopoldshall gefundenes Kalimineral
Langbeinit genannt;
Photographie um 1880

Kristallisationsbecken zur Auskristallisation von Salzen
aus Lösungen, hier Bittersalz,
um 1920

Trockentrommeln (Drehrohröfen) zur Trocknung
von Salzen, hier Kaliumchlorid,
um 1920

CONCORDIA
Chemische Fabrik auf Aktien
Leopoldshall-Stassfurt

Natriumsulfatofen;
durch Reaktion von Steinsalz mit Schwefelsäure wurde bei ca.
850 °C Natriumsulfat (Glaubersalz) und Chlorwasserstoffgas
erzeugt; um 1920

Gewinnung von Salzsäure durch Lösen von Chlorwasserstoffgas in Wasser im Gegenstromprinzip;
um 1920

Die Blütezeit der Staßfurter Salzindustrie von 1872 bis 1914 und ihr Niedergang

Die 70er und 80er Jahre sind gekennzeichnet vom Bemühen, der Krisen Herr zu werden und die wirtschaftlichen Verhältnisse in der Kaliindustrie zu stabilisieren. Diesem Ziel dienten zwei Bestrebungen:

1. der Zusammenschluß kleinerer Betriebe zu größeren (siehe Fabrikenverzeichnisse von 1883 und 1903 im Anhang);
2. der Abschluß von Verträgen, z. B. die sogenannten "Carnallit-Konventionen", zur Verteilung von Förderquoten und Marktanteilen.

1871 schlossen sich in Staßfurt zunächst zwei chemische Fabriken - später kamen noch nacheinander zwei weitere dazu - unter dem Namen "Staßfurter Chemische Fabrik, vormals Vorster & Grüneberg" zusammen. In Leopoldshall entstanden ab 1872 die "Vereinigten Chemischen Fabriken Leopoldshall". Ihr Verwaltungsgebäude diente später als Rathaus, Musikschule und Kindergarten in der Hohenerxlebener Straße. In dem Haus nebenan wohnten Direktoren bzw. Chemiker. Das Haus des Generaldirektors wurde bis zur politischen Wende in unserem Land von der SED-Kreisleitung okkupiert. Villen von Fabrikdirektoren waren auch das spätere Stadt-Cafe und das ehemalige "Haus der Pioniere".

Zu den "Vereinigten Chemischen Fabriken Leopoldshall" gehörte die Fabrik des Dr. Frank als Etablissement VII. Frank war Generaldirektor des Unternehmens bis zum Jahre 1875. Dann ging er nach Berlin-Charlottenburg und lebte dort bis zu seinem Tode 1916. Als Professor für chemische Technologie in Charlottenburg trat er in dieser Zeit mit verschiedenen Erfindungen hervor, besonders durch die Herstellung des Kalkstickstoffs zusammen mit Caro und Rothe. (Das Verfahren fand Anwendung im Stickstoffwerk Piesteritz.) Als weitere Aktiengesellschaft, die sich aus kleineren Betrieben rekrutierte, sei noch die "Chemische Fabrik Concordia" genannt, die bis in die neuere Zeit als Restbetrieb dahinvegetierte. (4) Ihr langjähriger Fabrikleiter Adalbert Langbein wurde dadurch geehrt, daß man einem in Leopoldshall zuerst gefundenen Mineral den Namen "Langbeinit" gab ($K_2SO_4 \cdot 2MgSO_4$).

Die beiden Rohsalzlieferanten - das Königlich Preußische Salzbergwerk Staßfurt und das Herzoglich Anhaltische Salzbergwerk Leopoldshall - kamen überein, das Rohsalz zu einem für beide Bergwerke vorgeschriebenen Preis an die chemischen Fabriken auszuliefern. (35) (Das Verwaltungsgebäude des Anhaltischen Salzwerks beherbergte bis in die neuere Zeit das Lehrerbildungsinstitut.)

Auch die Chlorkaliumfabriken sprachen untereinander ab, bestimmte Produkte - besonders KCl-haltiges Düngesalz - nicht unter einem wöchentlich festgesetzten Preis zu verkaufen. Zunächst gewährten diese öfter erneuerten Konventionen einen gewissen Schutz. Die Situation sollte sich jedoch entscheidend verändern, als private Salzbergwerke die Förderung aufnahmen:

1873 "Douglashall" in Westeregeln, (5)

1876/77 "Agatheschacht" und 1883 "Hammacherschacht" in Neustaßfurt, (33)

1884 "Ludwig II" bei Staßfurt.(6)

In den 80er Jahren kam auch noch "Schmidtmannshall" bei Aschersleben hinzu.

Zwar versuchte man von seiten der staatlichen Bergwerke, die privaten mit in die Verträge einzubeziehen; aber dadurch, daß die privaten Schächte (bis auf Ludwig II) gleichzeitig chemische Fabriken betrieben, war doch eine völlig neue Situation entstanden. Diese moderner und großzügiger eingerichteten Fabrikbetriebe rissen jetzt die Führung auf dem Gebiet der Kalichemie an sich. In Westeregeln fanden z. B. mit die ersten Versuche der elektrolytischen Ätznatronherstellung in der Großindustrie statt. Die Neustaßfurter Fabriken unter Leitung von Professor Dr. Heinrich Precht waren führend auf dem Gebiet der Pottascheherstellung (K_2CO_3). (30) (31)

Das blieb bis in die neuere Zeit so. Von 1938 bis 1953 wurde das Wiedbrauck-Verfahren angewendet. Diese "elegante" Synthese setzte Kaliumsulfat - aus der Staßfurter Achenbachfabrik - mit gelöschtem Kalk und Kohlenmonoxid aus Generatorgas zunächst zu Kaliumformiat um. Dann wurde die dickflüssige Formiatlauge mit Hilfe von Wassergas zu Pottasche "verbrannt".

Professor Precht gründete zusammen mit den Professoren van't Hoff, Berlin, - Begründer der theoretischen Chemie und 1. Nobelpreisträger für Chemie (1901) - und Rinne, Leipzig, am 28.12. 1905 in Neu-Staßfurt den "Verband zur wissenschaftlichen Erforschung der deutschen Kalisalzlagerstätten".

Infolge dieser Entwicklung befürchteten die staatlichen Bergwerke, ins Hintertreffen zu geraten. Es gelang zwar nach langwierigen Verhandlungen, die privaten Bergwerke mit in die Konventionen einzubeziehen und eine Quotenregelung für die Förderleistung jedes Bergwerks zu schaffen; aber die Verwaltung der preußischen Schächte begann trotzdem, den Bau einer eigenen Chlorkaliumfabrik zu erwägen. Dieser Plan kam 1888 auf dem Gelände des Achenbachschachtes zur Ausführung, so daß die privaten Fabriken kaum noch Rohsalz erhielten. In Leopoldshall war die Lage insofern eine andere, als das Anhaltische Salzwerk zunächst keinen Wert auf den Bau einer eigenen Fabrikanlage legte. Hier blieb also das alte Verhältnis zwischen staatlichem Rohsalzwerk und privaten Chlorkaliumverarbeitern bestehen.

Staßfurter Chemische Fabrik, Lithographie ca. 1900
Etablissement I, volkstümlich "Die Sülze" genannt, um 1910

D i e Fabriken, die nur noch in beschränktem Umfang Rohsalze bezogen, mußten sich in ihrer Produktion ein weiteres Mal umstellen. Man produzierte jetzt eine Vielzahl von Natrium-, Kalium- und Magnesiumverbindungen; z. B. Cyanverbindungen, Rhodanverbindungen, Blutlaugensalze, Pottasche, Soda, Schwefelnatrium, Glaubersalz, Fixiersalz (Natriumthiosulfat), Bittersalz, Chlorkalk u. v. a.

Auf die teilweise recht interessanten chemischen Verfahren kann in diesem Rahmen nicht ausführlich eingegangen werden. Es sei als Beispiel die in der "Sülze" (Staßfurter Chemische Fabrik, Etablissement I) durchgeführte Siepermann-Synthese zur Herstellung von Cyankali (Kaliumcyanid) beschrieben. Über ein auf Rotglut erhitztes Gemisch aus Pottasche (Kaliumkarbonat) und Holzkohle wurde in Retorten Ammoniakgas geleitet. Aus dem Reaktionsgemisch extrahierte man das gebildete Cyankali. Gebraucht wurde das Salz bei der 1887 im Gold- und später auch im Silberbergbau eingeführten Cyanidlaugerei, mit deren Hilfe relativ edelmetallarme Erze abbauwürdig wurden. (13) Alte Staßfurter, die auf dem Sonntagsspaziergang nach dem "Schütz" oder dem "Gänsefurter Busch" den Damm der "Roßbahn" benutzten, berichteten von dem bittermandelartig-stechenden Geruch, der in der Umgebung der Fabrik zu verspüren war, und von den Arbeitern, die mit Schwämmen vor Mund und Nase über die Planken der Fabrikeinzäunung hingen, um frische Luft zu schnappen. Also auch damals schon ökologische Probleme!

Neben die bereits genannten chemischen Fabriken trat im Jahre 1882 die "Buckauer Chemische Fabrik", die Soda nach dem Solvayverfahren herstellte, obgleich sie nicht dem Solvay-Konzern angehörte. (Die im Anhang beigegebenen Produktionslisten einiger Fabriken vervollständigen diese Ausführungen.)

Seit der letzten großen Krise 1884, die noch einmal infolge der Überproduktion eine Verringerung der Salzförderung um 25 % erzwang, verlief die Entwicklung der Staßfurter Industrie bis zum 1. Weltkrieg stetig ansteigend.

Eines über die Grenzen Staßfurts hinausgreifenden Ereignisses ist noch zu gedenken, nämlich der Gründung des "Deutschen Kalisyndikats" mit dem Sitz in Staßfurt-Leopoldshall. Diese Einrichtung löste die alten Carnallit-Konventionen ab, zumal Ende der 90er Jahre der Kalibergbau in verschiedenen Gegenden Deutschlands aufblühte. Sämtliche deutschen Kalibergwerke schlossen sich hier zu einer Interessengemeinschaft zusammen, die neben wissenschaftlichen Forschungsaufgaben den Verkauf von Rohsalzen und Fertigprodukten (besonders von hochprozentigen Kalidüngesalzen) übernahm.

Damit war der Konkurrenzkampf endgültig ausgeschaltet und eine Stabilisierung erreicht. Für die Geschäftsräume des Kalisyndikats wurde in der Leopoldshaller Bodestraße ein großer Backsteinbau errichtet, der heute dem Kreiskrankenhaus dient. Der Hauptgeschäftsbetrieb des Syndikats wurde bereits 1910 nach Berlin verlegt, während in Staßfurt nur eine Forschungsabteilung mit Versuchsgarten verblieb. Anfang der 30er Jahre unseres Jahrhunderts erfolgte der Umbau mit Aufstockung zum erwähnten "Knappschaftskrankenhaus".

Seit dem Ende des 1. Weltkriegs datierte ein spürbarer Rückgang der Kaliindustrie im Staßfurter Gebiet. Die Weltwirtschaftskrise von 1929 und die folgenden Jahre des wirtschaftlichen Ruins überlebten nur vier Fabriken:

die Chemische Fabrik Achenbach,
die Chemische Fabrik Concordia,
die Pottaschefabrik Neustaßfurt und

die Ammoniaksodafabrik.

Da Hitler im Zuge seiner Kriegsvorbereitungen Leichtmetalle für den Flugzeugbau brauchte, errichtete man auf dem Abbruchgelände der alten Fabriken an der Löderburger Bahn eine große moderne Fabrik des I. G. Farben-Konzerns. Hier wurde durch Schmelzflußelektrolyse aus dem Magnesiumchlorid der Endlaugen der Kaliindustrie Magnesiummetall gewonnen. Nach dem 2. Weltkrieg demontierten die Besatzungsmächte diese Fabrik, und die meisten Gebäude wurden dem Erdboden gleichgemacht.

Von der durch den Salzbergbau geprägten Industrie blieben bis jetzt (1992) nur die Sodafabrik und der Chemieanlagenbau Staßfurt - AG, früher Sauerbrey, übrig.

Ansicht der Sauerbreyschen Fabriken im Jahre 1902

"Kühlschiff" zur Umsetzung von Kieserit- und
Steinsalzrückständen zu Glaubersalz
bei Winterkälte;
Die Vereinigten Chemischen Fabriken Leopoldshall
besaßen fünf derartige "Salztennen".
In einer Frostnacht konnten maximal 150000 kg
Glaubersalz auskristallisieren.
E. Pfeiffer, Handbuch der Kali-Industrie, 1887

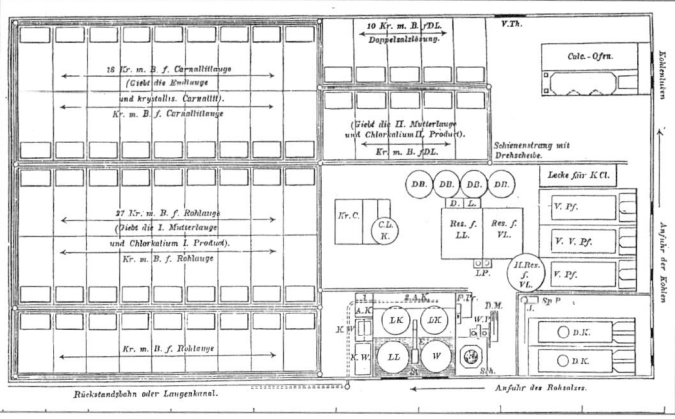

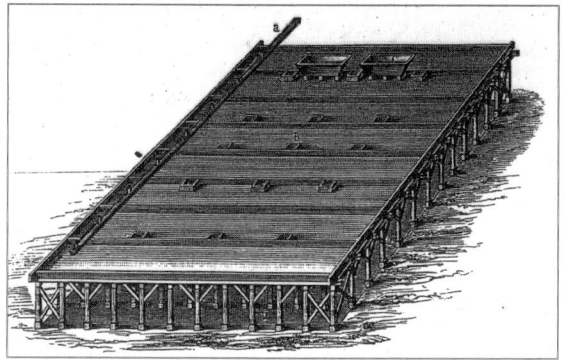

"Situationsplan" einer Chlorkaliumfabrik;
es fallen die großflächigen Kristallisationsräume auf;
E. Pfeiffer, Handbuch der Kali-Industrie, 1887

Lösekessel für
Rohsalze;
der hier abgebilde-
te wurde für den
Betriebsteil
Leopoldshütte
der Vereinigten
Chemischen Fabri-
ken Leopoldshall
konstruiert;
E. Pfeiffer, Hand-
buch der Kali-
Industrie, 1887

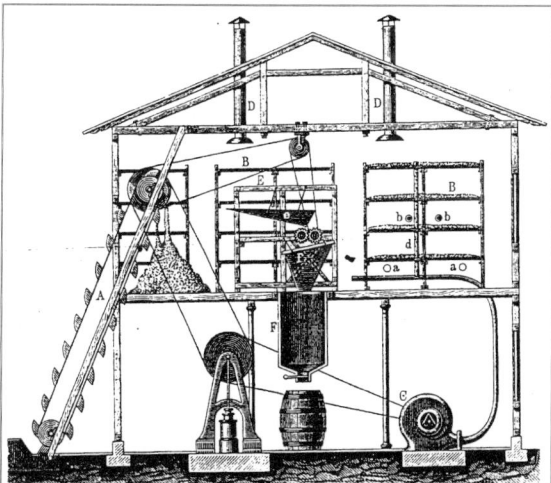

"Trockenstube" für Bittersalz
in der Wüstenhagenschen Fabrik zu Hecklingen;
Im oberen Stockwerk wurde das Bittersalz auf Stellagen
bei 35 - 45 °C in vier bis sechs Stunden getrocknet.

Dampfkessel-Fabrik

von

A. Grosspietsch,

Atzendorferstr. 18, **STASSFURT,** Atzendorferstr. 18.

━━━ Gegründet 1862. ━━━

empfiehlt sich zur

Anfertigung von **Dampfkesseln** jeder Konstruktion,

Verdampf-Apparaten, Vorwärmern,

Reservoiren etc.

Die Fabrik von Großpietsch wurde um
die Jahrhundertwende (1900) mit der
Apparatebaufirma Sauerbrey
zusammengeschlossen.

Die Gießerei der Firma Sauerbrey um 1900;
der Fabrikschornstein im Hintergrund gehörte zu der
ehemaligen Dr.-Frankschen-Fabrik.

Generaldirektor Richard Sauerbrey
baute die von seinem Vater übernommene
Apparatebau-Fabrik zu einem bedeutendem Unternehmen
aus und machte sich durch verschiedene Stiftungen um
seine Heimatstadt verdient.

Werbeanzeige der Firma Wermser,
1927

Trockentrommel, 1,6 m Durchmesser, 8 m lang, für Kalisalze und landwirtschaftliche Stoffe

Trockentrommel (Drehrohrofen)
der Firma Sauerbrey

Die Zimmersche Chlorkaliumfabrik
am ehemaligen Löderburger Braunkohlentagebau
("Jakobsgrube");
Photographie 1881

Salzbergwerk Neustaßfurt;
Bergwerk mit chemischen Fabriken,
um 1900

Professor Dr. Heinrich Precht,
der langjährige Leiter der chemischen Fabriken
Neu-Staßfurt; nach ihm heißt ein Verfahren zur
Pottascheherstellung Engel-Precht-Verfahren.
Zusammen mit Prof. van't Hoff und Prof. Rinne, Leipzig,
begründete er den Verein zur wissenschaftlichen
Erforschung der deutschen Kalsisalzlagerstätten.
umgezeichnet von M. Marzahn

Jacobus Hendricus van't Hoff (1852-1911),
der erste Nobelpreisträger für Chemie (1901);
er weilte mehrfach bei Prof. Precht in Neustaßfurt

Chemische Fabriken Neustaßfurt;
Sulfatfabrik, um 1920

Chemische Fabriken Neustaßfurt;
um 1920

Trockentrommeln in der Chlorkaliumfabrik
Neustaßfurt;
um 1920

Die alte Neustaßfurter Pottaschefabrik,
die nach dem Magnesiaverfahren von Engel und Precht
arbeitete, um 1920;
Auf dem Bild sind die gemauerten Brennöfen
zu erkennen, in denen Magnesit thermisch zerlegt wurde.

Graf Sholto Douglas -
ein persönlicher Freund des letzten deutschen
Kaisers Wilhelm II. -
betrieb zunächst die chemische Fabrik Leopoldshütte
(später Etablissement VIII der Vereinigten Chemischen
Fabriken Leopoldshall).
1881 begründete er die Consolidirten Alkaliwerke
Westeregeln, die sowohl Salzbergwerke als auch
chemische Fabriken umfaßte

Chlorkalkkammern zur Gewinnung von Chlorkalk durch
Überleiten von Chlorgas über gelöschten Kalk;
Alkaliwerke Westeregeln, um 1930,
und Vereinigte Chemische Fabriken Leopoldshall

Luftbild der
Consolidirten Alkaliwerke Westeregeln,
1929

Elektroanalyseanlage zur Umsetzung von Stein(Koch)salzlösung
zu Natronlauge sowie Wasserstoff- und Chlorgas;
Alkaliwerke (später Solvaywerke) Westeregeln,
um 1930

Die Geschicke der Salzschächte im Raum Staßfurt

Als der Bergbau auf Kalisalze eröffnet wurde, hatte man keinerlei Erfahrungen, wie sich das unterirdische Salzgebirge gegen die Einwirkungen des 'Gebirgsdrucks' verhalten würde. Im allgemeinen wurde die Standfestigkeit der Kalisalzschichten überschätzt. Besonders dem Anhydrit ($CaSO_4$) mit seiner großen Mächtigkeit von 30 - 40 m, der überall als sehr hartes Gestein angetroffen wurde, traute man als Deckgebirge große Festigkeit zu.

Im Interesse der Wirtschaftlichkeit wählte man die Grundflächen der Abbaufirsten (Abbaukammern) immer größer, wobei die Sicherheitspfeiler nach heutigen Begriffen zu schwach bemessen wurden. Außerdem blieben die abgebauten Hohlräume zunächst unversetzt (unausgefüllt). Vor allem aber brachte der Abbau des der Carnallitschicht aufsitzenden Kainithutes eine erhöhte Gefahr von Laugendurchbrüchen aus den wasserführenden Deckgebirgsschichten." (6) Da der Kainit ($KCl \cdot MgSO_4 \cdot 3H_2O$) einen wesentlich geringeren Chlorgehalt als der Carnallit besaß, konnte er ohne aufwendige fabrikatorische Verarbeitung und damit sehr preisgünstig verkauft werden. So sündigte man bei dessen bergmännischer Gewinnung sowohl auf preußischem als auch auf anhaltischem Gebiet. Als man endlich zu besseren Einsichten kam, war das Absaufen der Schächte mit großen oberirdischen Senkungserscheinungen nicht mehr zu stoppen. Die Schachtanlagen, die zunächst dem Wasser zum Opfer fielen, lagen auf dem Südwestflügel des von NW nach SO streichenden (verlaufenden) Staßfurter (oder Staßfurt-Oscherslebener) Salzsattels, der sich ca. 40 km lang von Oschersleben über Hadmersleben, Egeln, Staßfurt bis Gröna ausdehnt. (6) (9)

In den Schächten Leopoldshall I und II begann der Kampf mit dem Wasser zuerst. Besonders ln den Jahren von 1880 - 1885 kam es wiederholt zu Einbruchsbeben mit "unterirdischem Grollen und Donner", so daß die Einwohner Leopoldshalls auch nachts in Panik auf die Straßen liefen, weil sie den Einsturz ihrer Häuser befürchteten. In den Jahren 1897/98 entstand ein Tagesbruch südwestlich der Schächte an der Bernburger Straße. Das heutige Strandbad Leopoldshall ("das einzige Frei-Sole-Bad Deutschlands", so in einer Werbung 1931) ist ein Teil dieses wieder halbverfüllten Einbruchgebiets. Nachdem auf Leopoldshall I/II 1899 die Förderung eingestellt wurde, gab man die Schächte 1900 auf. Am 4. 4. 1900 fand die letzte Befahrung statt. Zum Entsatz der zum Untergang verurteilten Schächte Leopoldshall I/II brachte man vorsorglich die Schachtanlage Leopoldshall III von 1887 - 1894 nieder (abgesoffen 1922, danach Bleicherdewerk).

Dabei traten wiederholt Schwefelwasserstoffgasausbrüche auf, durch die am 27. 2. 1887 vier und am 2. 11. 1889 sieben Berg- bzw. Bohrarbeiter tödliche Vergiftungen erlitten. Ein diesbezügliches Denkmal in Form eines Obelisken stand früher auf dem Gelände des ehemaligen Leopoldshaller Bergfestplatzes und ist jetzt an der Einmündung der Schulstraße in die Bernburger Straße aufgestellt. (6)

schacht 1873 - 1876 und Hammacher-Schacht 1881 - 1883. Hier versuchte man mit einem Experiment, das vordringende Wasser aufzuhalten. Vom September 1903 bis zum 1. 11. 1905 baute man eine unterirdische Mauer, um das zerklüftete Salzgestein abzudichten. Mit einer Prise Galgenhumor nannte man dieses Bauwerk die "Große Mauer von Neustaßfurt" - in ironischer Anspielung an die "Große Chinesische

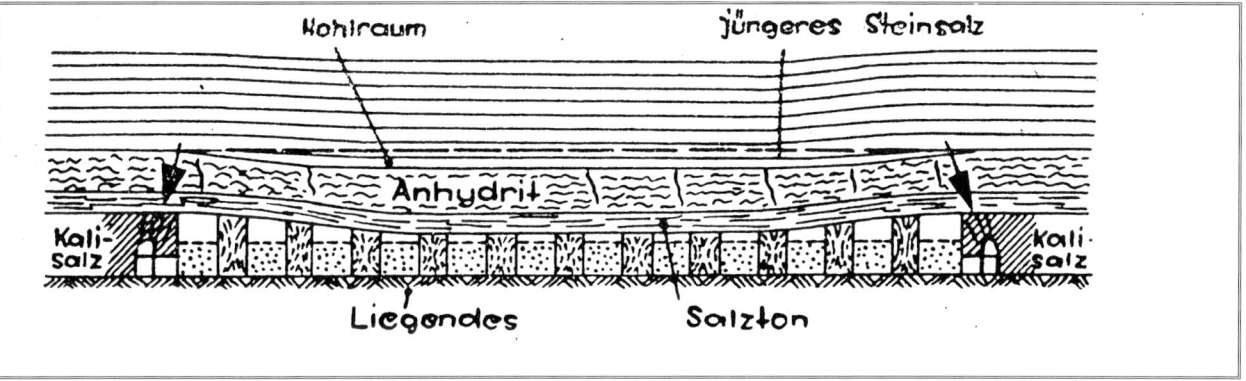

Schematische Darstellung der Entstehung des Gebirgsschlages auf Ludwig II am 11. 11. 1901,
nach Kegel und Spackeler

Auch in Staßfurt kam es infolge der außer Kontrolle geratenen Lösevorgänge untertage zu den Senkungserscheinungen, die bis in die neuere Zeit anhielten. Auf dem Manteuffel-Schacht war am 30. 6. 1893 der Abbau aufgegeben worden; die Wasserhaltung (der Pumpbetrieb) lief bis zum 9. 10. 1900 weiter. Über die Schachtanlage Achenbach (ab 1874 angelegt) drang das Wasser nach den Neustaßfurter Schächten vor, die von einer privaten Bohrgesellschaft erschlossen worden waren: Agathe-

Mauer". Immerhin konnte dadurch die Lebensdauer der alten Neustaßfurter Schächte bis zum Jahre 1912 verlängert werden. (33)

Die erste Schachtanlage, die auf dem Nordostflügel des Staßfurter Sattels angelegt wurde, war "Ludwig II", von einer privaten Gesellschaft finanziert und ausgebeutet.(6)

Schacht 1: 1877 abgeteuft , 1884 Förderung aufgenommen,

Schacht 2: 1886 abgeteuft,

Schacht 3: 1913 abgeteuft.

Auf Ludwig II ereignete sich am 11. 11. 1901 die erste größere Katastrophe im Kalibergbau, bei der 17 Bergleute tödlich verunglückten. Unter den Toten war Hermann Ernst, der Großvater des in München wirkenden Nobelpreisträgers für Physik Prof. Rudolf Mößbauer. Die gemeinschaftliche Grabstätte mit Gedenkstein ist auf dem Staßfurter Friedhof, Hecklinger Straße, rechts von der Friedhofskapelle zu sehen.

Das Unglück wurde durch die auf dem Werk angewendete Abbaumethode, die sich auf die Lagerstättenbedingungen optimal einzustellen bemühte, verursacht. Hierbei löste sich der über den zusammengebrochenen Stützpfeilern nachgebrochene Anhydrit vom jüngeren Steinsalz. (6) Der daraus resultierende Gebirgsschlag war so heftig, daß in ganz Staßfurt - bis zur Hecklinger Straße hin, wo damals meine Großeltern wohnten - die Erde bebte, in den Häusern Schränke und andere Einrichtungsgegenstände schwankten und deren Inhalt durcheinander- oder sogar herausfiel.

Nachdem im Jahre 1924 Förderschluß auf "Ludwig II" war, wurde die Schachtanlage 1935 - 1945 zum Einlagern von Kriegsmaterial mißbraucht. Nach dem 2. Weltkrieg nutzte man sie als Besucherschacht.

Schon zur Zeit der "alten Schächte" Leopoldshall I/II, Ludwig II und später auch beim Doppelschacht Berlepsch-Maybach gehörten Schachteinfahrten zu den Attraktionen, die

Staßfurt zu bieten hatte. Wie alte Bilder zeigen, hatte man untertage "Repräsentationsräume" angelegt: Festsäle, kapellenartige Gedenkstätten, und die Leopoldshaller Schächte boten Kahnfahrten an. Natürlich wurde auch der Abbau im Kammerfirsten- und später im Steilfirstensystem vorgeführt. Viele inländische und ausländische Besucher nutzten die Möglichkeit,

Bilder von den Erdbewegungen 1884 - 1890
Durch Erderschütterungen beschädigtes Haus
in Staßfurt

einen Besuch in die "unterirdische Märchenwelt" zu machen. Darunter waren Staatsmänner und Berühmtheiten aus aller Welt. Hier soll nur der Besuch des 18jährigen chinesischen Prinzen Tschun (Chun), der im September 1901 nach

Deutschland kam, gedacht werden. Im Zusammenhang mit der Ermordung des deutschen Gesandten v. Ketteler am 20. 6. 1900 in Peking beim Yihetuan-Aufstand (im Ausland "Boxeraufstand" genannt), der sich als nationale chinesische Aktion gegen die Einmischung der europäischen Großmächte in die chinesische Politik und Wirtschaft verstand, wurde als eine

Durch Zimmerung gestützte Stadtmauer
in Staßfurt

"Sühnemaßnahme" die Reise eines Mitglieds der chinesischen Kaiserfamilie durch Deutschland dekretiert. So kam der "Sühneprinz" auch nach Staßfurt, wo er die Salzbergwerke besichtigte. Tschun führte von 1909 bis zum Ende der

Monarchie in China (1912) die Regentschaft für seinen Sohn, den minderjährigen letzten Kaiser Pu Yi.

Sowohl die staatlich preußische als auch die anhaltische Bergwerksverwaltung sorgten nach dem Absaufen der Schächte auf der SW-Flanke des Salzsattels für Ersatzschächte auf der NO-Flanke. In Staßfurt war das die Schachtanlage Berlepsch-Maybach, deren Bau am 12. 9. 1887 begonnen und die am 8. 9. 1890 "getauft" wurde. Dieser Doppelschacht hat bis zum 1. 10. 1954 Kalisalze über eine unterirdische Werksbahn (in neun Meter Tiefe im September 1900 gebaut) zur Chlorkaliumfabrik Achenbach geliefert und später noch Steinsalz für die Sodafabrik. Der bergmännische Abbau des Steinsalzes, das auf dem Schacht gelöst und durch eine Rohrleitung zur Sodafabrik gepumpt wurde, kam am 31. 12. 1968 zum Erliegen. Die untertägige Aussolung im älteren Steinsalz wurde aber noch bis zum 30. 6. 1972 betrieben. Inzwischen hatte sich die Sodafabrik um die Erschließung einer neuen Quelle für Natriumchloridsole bemüht. Etwa 1 km von dem Werk entfernt, in Richtung Neustaßfurt, legte man ab dem 20. 6. 1968 eine übertägige Anlage mit Aussolsonden an, die seit dem 1.7.1972 die ausschließliche Versorgung der Sodafabrik mit Sole übernahm.

Nachdem die Kalisalzförderung auf dem Berlepschschacht aufgegeben worden war, belieferte der Neustaßfurter Schacht VI als letztes Bergwerk des Staßfurter Reviers die Achenbachfabrik über eine Seilbahn bis zum 31. 12. 1972 mit Kalirohsalz. Mit diesem Datum kam eine über 100jährige Entwicklung zum Abschluß.

Zwar war die Lagerstätte weitgehend erschöpft, aber den letzten Anstoß zur Schließung der genannten Schächte lieferte doch das Wasser, das nun in den NO-Flügel des Sattels eingebrochen war.

Auch diesmal war der Ausgangspunkt wieder in Leopoldshall zu suchen. Die anhaltischen Ersatzschächte auf der NO-Flanke des Salzsattels waren die Schachtanlagen Friedrichshall I und II. (Die dortige Sporthalle ist aus dem alten Salzspeicher dieser Schächte hervorgegangen.) Sie entstanden zwischen 1890 und 1892. 1913 wurde der gesamte anhaltische Förderbetrieb hierher verlegt.

Inzwischen war auch eine Chlorkaliumfabrik Friedrichshall errichtet worden, die zu 2/3 dem anhaltischen Staat und zu 1/3 der Gewerkschaft

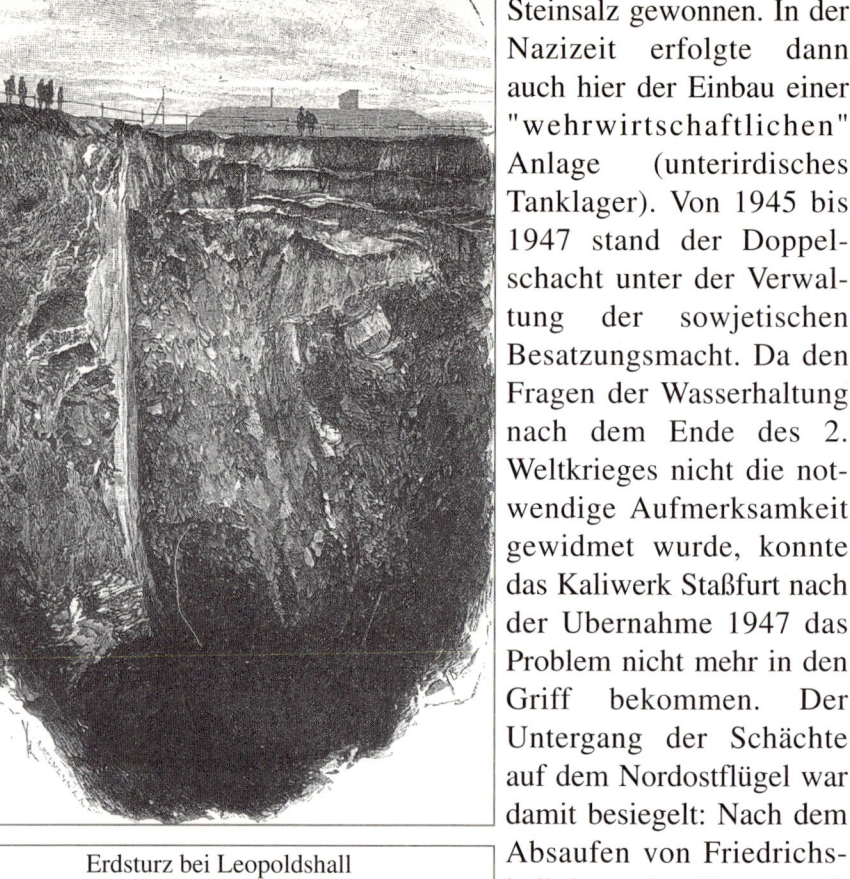

Erdsturz bei Leopoldshall

Ludwig II gehörte. Ende 1929 wurde die Kaliförderung eingestellt und bis 1936 nur noch Steinsalz gewonnen. In der Nazizeit erfolgte dann auch hier der Einbau einer "wehrwirtschaftlichen" Anlage (unterirdisches Tanklager). Von 1945 bis 1947 stand der Doppelschacht unter der Verwaltung der sowjetischen Besatzungsmacht. Da den Fragen der Wasserhaltung nach dem Ende des 2. Weltkrieges nicht die notwendige Aufmerksamkeit gewidmet wurde, konnte das Kaliwerk Staßfurt nach der Übernahme 1947 das Problem nicht mehr in den Griff bekommen. Der Untergang der Schächte auf dem Nordostflügel war damit besiegelt: Nach dem Absaufen von Friedrichshall drang das Wasser auch nach Ludwig II und dem Berlepschschacht vor.

Gutachten des späteren
Oberbergrates Schreiber, in dem er die
Staßfurter Senkungserscheinungen untersucht

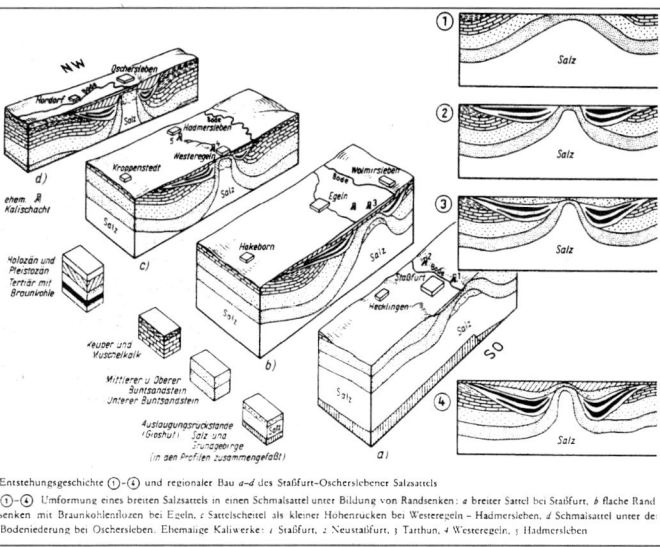

Blockdiagramm des Staßfurt-Oscherslebener Salzsattels;
nach Wagenbreth/Steiner, 1989

Profil des Staßfurter Salzsattels,
gezeichnet von E. Fulda, 1938

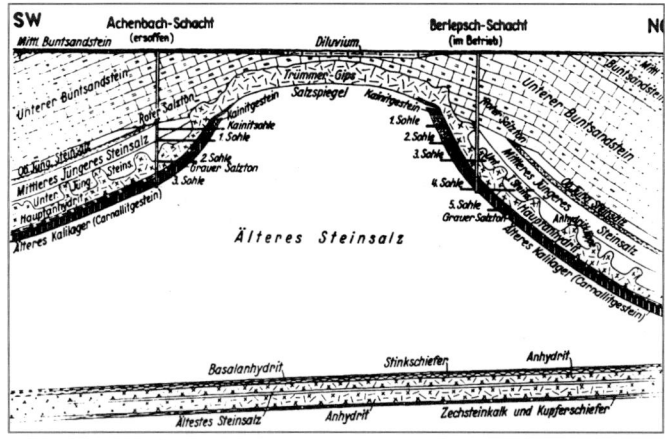

Festaal in der Schachtanlage Berlepsch-Maybach;

"Taufe" der Schachtanlage Berlepsch-Maybach

Steilfirstabbau im Berlepschschacht um 1950;
diese Abbaumethode löste den Kammerabbau ab;
Festschrift 1952, Anhang

Gedenkstätte für die Opfer der Arbeit und der Kriege im Berlepschschacht

Abendstimmung an der Schachtanlage Ludwig II.

Schachtanlage Berlepsch-Maybach,
um 1925

Das Grab der Bergleute

Beschreibung der neuesten Grubenkatastrophe, geschehen in Staßfurt in den letzten Tagen.

— 1901 — 11. November

Ueberall drohen dem Bergmann in seinem Beruf Gefahren. Daß nicht nur der „Kollberg" mit seinen giftigen Gasen und Saigen, mit seinen niederen Gängen und Oertern und dem gefährlichen Staub den Berufsbergmann mahnt, die Gedanken oft und lange auf das Jenseits zu richten, sondern daß auch in Bergwerken scheinbar harmloser Natur der Berggeist seiner Laune die Zügel schießen läßt, ergibt sich aus der nachfolgenden Beschreibung.

Am 11. November wurde in Staßfurt, Nachmittags 2½ Uhr, eine heftige Erderschütterung verspürt, die sich auch in dem benachbarten Leopoldshall bemerkbar machte. Es herrschte allgemeiner Schrecken und man wußte im ersten Augenblick nicht, woher der Erdstoß komme, man vermuthete, daß sich in Leopoldshaller Schächte eine Katastrophe ereignet habe. Schließlich vernahm man, daß sich im Schachte „Ludwig II." in Staßfurt, welcher etwa zwanzig Minuten vom Centrum der Stadt entfernt liegt, ein schweres Unglück zugetragen hatte. Zwei Abbaustrecken waren in einer Länge von etwa 300 Meter zusammengestürzt, zu einer Zeit, als zahlreiche Arbeiter, welche die Schicht beendet hatten, die Ausfahrt gewinnen wollten. Etwa 80 Mann wurden von dem Unglück betroffen und verschüttet. Sofort wurden die umfassendsten Rettungsarbeiten in Angriff genommen und es gelang auch, 60 Personen lebend zu Tage zu fördern, von denen ein großer Theil leicht verletzt war. Bis gegen Abend waren drei Schwerverletzte geborgen, der Rest der Leute wird noch vermißt, die Bedauernswerthen befinden sich noch unter den Erdmassen, ihr Schicksal ist ungewiß. In Staßfurt herrscht allgemeine Aufregung und Trauer.

So und ähnlich lauteten die ersten ausführlicheren Meldungen über das Unglück. Bald aber wurden die Berichte genauer und klarer. Bevor wir sie wiedergeben, wollen wir die Leser etwas näher über die Art des Bergwerks und seine Lage unterrichten.

Die Gewerkschaft des Salzbergwerks „Ludwig II." bei Staßfurt (früher Riebeck & Co.) gehört zu den ältesten Werken der deutschen Kaliindustrie. An demselben ist zu zwei Dritteln die Actiengesellschaft Vereinigte Chemische Fabriken zu Leopoldshall und zu einem Drittel die Actiengesellschaft Staßfurter Chemische Fabrik vorm. Forster & Grüneberg betheiligt. Zum Grubenfeldern der Gewerkschaft „Ludwig" ist das Bergwerk des preußischen Fiskus benachbart, der nicht ohne Sorgen auf das bergbauliche Unglück des markscheidenden Werkes blicken wird. Auch die Werke des Anhaltischen Fiskus und die Gewerkschaft „Neustaßfurt" grenzen unter der Erde an die Felder des Werkes „Ludwig II.". Dieses ist im Kalisyndicat bevorzugter Quote betheiligt. Die finanziellen Schäden des Unglücks dürften sehr bedeutend sein. Die Production des Werkes besteht vornehmlich in Carnalit, während die jüngste Periode nach den letzten Aufschnitten auch in Kainiten. Beide Salzarten sind bekanntlich sowohl für die Landwirthschaft, wie für chemische Zwecke von hervorragender Bedeutung.

Nun zu der ausführlicheren Beschreibung des Unglücks:

Der sich zur Zeit der Katastrophe in Staßfurt bemerkbar machende starke Erdstoß wurde Anfangs wenig beachtet, weil derartige Erschütterungen dort nicht selten sind. Bald aber stellte sich heraus, daß die Gebirgsbewegung für die tiefsten Baue des Bergwerks „Ludwig II." und dessen Belegschaft von verherenden Folgen gewesen ist. Auf der tiefsten Sohle (693 Meter) sind aus den Streckenfirsten von oben und von der Seite her auf die ungefähre Länge von 500 Meter in drei übereinander liegenden Stockwerken Salzblöcke niedergegangen. Von diesen Salzmassen wurden die fliehenden Bergleute mehr oder weniger schwer verletzt, zum Theil zu Boden geworfen und verschüttet.

Die Rettungsarbeiten, an denen sich mit großer Ausdauer, zum Theil unter Lebensgefahr, der verfügbare Theil der Mannschaften unter Leitung der Werksbeamten, des Bergwerks-Directors und einiger von benachbarten fiskalischen Werke dankenswerther zu Hülfe geeilter, höherer Bergbeamten betheiligten, wurde sofort eingeleitet. Gegen 8 Uhr Abends war der letzte Verschüttete, der noch Lebenszeichen von sich gab, geborgen. Von sechzehn größtentheils unverheiratheten Leuten fehlt bisher jede Spur; es ist leider sicher, daß sie unter den herabstürzenden Salzblöcken begraben sind. Die Rettungsmannschaften haben abtheilungsweise das ganze Grubengelände abgesucht und kein Lebenszeichen mehr vernommen.

Die vorgekommenen Verletzungen sind glücklicher Weise meistens leicht, nur drei Bergleute sind schwer verletzt. Die Zahl der Leichenverletzten beläuft sich auf einige 30. Der zuständige Königliche Bergrevierbeamte befuhr die Grube und ordnete gegen 11½ Uhr Nachts die Einstellung aller weiteren Arbeiten, die zur Aufräumung, behufs Bergung der Leichen

Extrablatt zum Grubenunglück auf der Schachtanlage
Ludwig II. am 11.11.1901

begonnen waren, an, weil das Gebirge, wie sich durch Knistern bemerkbar machte, noch immer nicht zur Ruhe gelangt war und weitere Nachstürze befürchtet wurden. Im Laufe der Nacht sind zwar noch einige kleinere Erschütterungen wahrgenommen worden, doch haben dieselben nicht verhindert zu sein, sobald die Arbeiten zur Freilegung der Todten und zur Aufräumung der niedergefallenen Massen voraussichtlich wieder in Angriff genommen werden können. Der Betrieb des Werkes hat selbstverständlich eine schwere Unterbrechung erfahren, wird aber, wie wir hoffen steht, bald wieder in geregelte Bahnen geleitet werden können.

Am Tage nach dem Unglück Nachmittags trafen Oberpräsident Staatsminister Dr. von Boetticher und Berghauptmann Dr. Fürst aus Halle ein, um die amtliche Untersuchung zu leiten. Es wurde inzwischen die Einstellung des Betriebes auf Zeche „Ludwig II" angeordnet. Geheimer Bergrath Bauer-Berlin und Oberbergrath Matthias-Halle, die den Rettungsarbeiten leiteten, mußten auf Anordnung der königlichen Bergbeamten diese zeitweilig einstellen lassen, es war wiederholt im Salzgebirge gefahrdrohend knisterte und infolge dessen Nachstürze zu befürchten waren. Erst Nachmittags wurden die Rettungsarbeiten wieder aufgenommen. Sie sind furchtbar schwierig und bieten leider keine Aussicht auf Erfolg. Große Trümmerhaufen und riesige Salzblöcke stellen sich den Rettern immer wieder hindernd in den Weg. Alles ist durch sie verperrt. Die Riesenblöcke müssen alle erst gesprengt werden. Die Bergung der Verschütteten kann daher unter Umständen noch eine Woche dauern.

Es ist also keine Aussicht mehr, daß die 15 Verschütteten noch am Leben seien oder gerettet werden könnten. Die Angehörigen haben auch schon alle Hoffnung aufgegeben. Die Verunglückten liegen verschüttet vertheilt über ein Trümmerfeld von mehr als 500 Meter Länge; wo es zu suchen sei, könnten, weiß kein Mensch. Schon Dienstag Nacht war es todtenstill im Schacht, kein Stöhnen, kein Wehklagen war mehr vernehmbar. Unter diesen Umständen bleibt nichts übrig, als ganz planmäßig an die Räumung des Abbaues heranzugehen. Er hat eine Höhe von zwei Metern und eine Breite von vier Metern, also nichts von der Enge der Gänge in einem Kohlenbergwerk. Von der Ausfahrt, 650 Meter unter Tage, hat man noch 800 Meter abwärts in der Richtung auf Tegersleben zu zurückzulegen, um zu der Unglücksstätte zu gelangen. Nach Ansicht der Bergbehörde unterliegt es keinem Zweifel, daß eine Bewegung im Bergkinnern den Unfall veranlaßt hat.

Am Dienstag, also Tags nach der Katastrophe, merkte man der Physiognomie von Staßfurt nicht viel von dem furchtbaren Unglück an, welches sich auf der Zeche zugetragen hat. Die Stadt lag still und öde da wie immer. Es schien fast, als ob man sich über die ganze Tragik des Geschehenen noch nicht recht klar geworden sei. Die Zeche „Ludwig II", die infolge des Unglücks, von dem sie betroffen worden ist — von den dringenden Arbeiten abgesehen —, feiert, liegt als Nachbarin der fiskalischen Schächte „Maybach" und „Berlepsch" etwa eine halbe Stunde von der Stadt entfernt. Der Weg hinaus zu ihr ist namentlich zur Zeit auf den durch den Landregen völlig aufgeweichten Straßen keine Vergnügungstour. Man muß ihn zu Fuß zurücklegen, da Staßfurt das segensreiche Institut der Miethdroschken nicht kennt. Still und in der Novemberscenerie doppelt trostlos liegt das Werk da. Aus einer Gruppe flacher Gebäude ragen zwei Schlote hoch auf; außerdem sieht man über den Dächern, eingezäunten die Thürme, unter deren Dach die Räder, an denen sich irgend Jemand heraufziehen läßt, sich drehen.

Einem Augenblicksbild entnehmen wir folgende Schilderung:

„Am Eingang der Zeche harrt eine Gruppe von Arbeitern auf Nachrichten aus dem Innern. Es sind dies wohl Viele, fünfzehn Leute oder zwanzig, etwa ebensoviel also, wie drunten unter Tage vermuthlich für immer stille Leute zurückgeblieben sind. Drinnen im Werk herrscht Todesstille. Nur vereinzelte Beamten werden sichtbar; sie sind ausgestellt, das Nahen Unberufener zu verhüten. Auch im Verwaltungsgebäude herrscht ernstes Schweigen; mit gedrückten Mienen sitzen die Beamten, Obersteiger, Steiger und Ingenieure beieinander. Wird man Einen von ihnen für das Geschehene verantwortlich machen? Wie sie versichern, ist das Unglück eingetreten, ohne daß irgend Jemand die Schuld daran hat. Der Bergwerksdirector Neumaier ist nicht anwesend, er ist nach durchwachter Nacht mit dem zuständigen Aufsichtsbeamten Oberbergrath Neumann aus Halberstadt zu kurzer Rast nach Staßfurt gefahren. Die Rettungsarbeiten sind abgebrochen worden; die Steiger haben ihre Rettungsrohre überall in das zusammengebrochene Salz tief hineingestoßen; allerorten herrscht Todesstille. Nirgends wurde mehr ein Lebenszeichen wahrgenommen, so nimmt man an, daß die Sechszehn zur früher noch als gefunden worden seien, daß sie seit der unheilvollen Stunde des gestrigen Schichtwechsels gestorben sind. Es wird nunmehr die Ankunft einer Commission abgewartet, welche das Halleschen Oberbergamt entsendet hat.

Die Commission wird entscheiden, ob weiter gesucht werden soll oder nicht, ein weiteres Vordringen würde jetzt sehr gefährlich

Gedruckt und zu haben bei J. Bauer in Recklinghausen.

sein, es knistert und knackt noch immer in den Tiefen und ein Nachsturz kann jeden Augenblick erfolgen. Wodurch das Unglück entstanden ist, steht noch nicht fest, entweder eine Verschiebung des Erdreiches stattgefunden, durch die sich das Gefüge des Bergwerks gelockert hat, oder die oberen abgebauten Schichten haben mit den zwischen ihnen erhaltenen Sohlen zu stark auf den unteren gelastet."

Die Katastrophe trat zur ungünstigsten Zeit, nämlich gerade zum Schichtwechsel Mittags 1½ Uhr ein. Etwas später, und das Bergwerk wäre geräumt gewesen, kein Mensch wäre zu Schaden gekommen. Im untersten Gange, 650 Meter unter Tage, bewegten sich die Verleuten über der Ausfahrtsstelle zu. Da plötzlich und ohne vorheriges Anzeichen brach auf einer Strecke von 600 Meter Länge die 2 Meter starke Gangdecke hernieder. Wer die gefährdete Strecke passirte, wurde begraben.

Wer Tage nach dem schrecklichen Unglück fand Nachmittag in Staßfurt unter großer Betheiligung die Beerdigung der beiden im Krankenhause gestorbenen Opfer des Schachtunglückes, der Bergleute Rumpf und Kraft, statt. Die Bergkohören waren vertreten durch den Berghauptmann Dr. Fürst und Oberbergrath Matthias-Halle, den Aufsichtsrath der Gewerkschaft durch Commerzienrath Lehmann-Halle, die Gewerkschaft durch Generaldirector Dr. Schneider, Dir. Jacobsohn, Dr. Zuchschwerdt, Dir. Fröhlich u. A., das Verkaufssyndicat durch Generaldirector Größner, die Stadt durch Bürgermeister Reinhard, die Berginspection durch die Berginspectoren Dr. Vogelsang und Zierngiebl und eine Deputation der Belegschaft der Königlichen Werke. Ferner folgten den Särgen die gesammte Belegschaft des Werkes „Ludwig II", die Schützen und viele Privatpersonen. Das Publikum hielt an Tausenden die Straßenzüge, durch die sich der Leichenzug bewegte, zu beiden Seiten dicht besetzt. In vieler Augen standen Thränen. Es waren dies Zeichen der Theilnahme, welche die Bevölkerung mit ihren Opfern. Die Arbeiten zur Bergung der Leichen der 16 im Schacht vom herabgestürzten Salz verschütteten Bergleute werden mit aller gebotenen Vorsicht fortgesetzt und nach Möglichkeit beschleunigt.

Möge der Herrgott fernere Unglücke gnädigst von der hartbetroffenen Gegend abwenden!

Gedenksteine, die an Bergwerksunglücke erinnern

Lied.

Lange schon, seit vielen Jahren,
Waren in den Schacht gefahren
Täglich, wie's die Pflicht gebot,
All die Knappen, frisch und roth.

Tief da unten, bei den Dunkeln,
Bei der Salzcrystalle Funkeln,
In der Lampe mattem Schein
Hieß es schaffen, fleißig sein.

Ohne Unfall ging's gegangen;
Sonder Grauen, sonder Bangen
Fuhren sie zum Licht hinauf —
In die Nacht hinab. Glück auf!

Heut indeß — welch' Jammern, Klagen!
Aus dem Schachte wird getragen
Knapp' auf Knappe schmerzensbleich,
Der entrann des Todes Reich.

Decken gleich den Körper Wunden,
Hat er Rettung doch gefunden;
Seine Brüder liegen todt
In des Schachtes tiefem Schlot.

In der Stollen weiten Gängen
Brach's herein aus den Gehängen,
Krachend, polternd kam's herab,
Wurde manchen Bergmanns Grab.

Weinend stehen Männer, Frauen,
Bangend, ob sie lebend schauen
Noch einmal den Bruder, Sohn —
Doch er steht vor Gottes Thron.

Herrgott, stille doch die Thränen
Derer, die im Schmerze wöhnen
Niemals glücklich mehr zu sein,
Lindre ihrer Trauer Pein.

Sei den Todten milder Richter —
Im Berufe immer dichter
Thürmen sich den Bergmann auf
Todesnöthe, Herr! Glück auf!

197

Der "Sühneprinz" Tschun 1902 in Staßfurt, im Hof
des Hotels "Goldener Ring", heute Rathaus

Das zur
Tausendjahrfeier
Staßfurts 1934
eingeweihte
Bergmannsdenkmal
vor der
Johanniskirche,
jetziger Standort:
der Garten der
ehemaligen
Berginspektion

Salzdenkmal in Form eines Leuchtturms im Festsaal
der Schachtanlage Ludwig II.

Festraum
i. Herzogl. Anhalt. Salzbergwerk Leopoldshall
300 m unter Erdoberfläche.

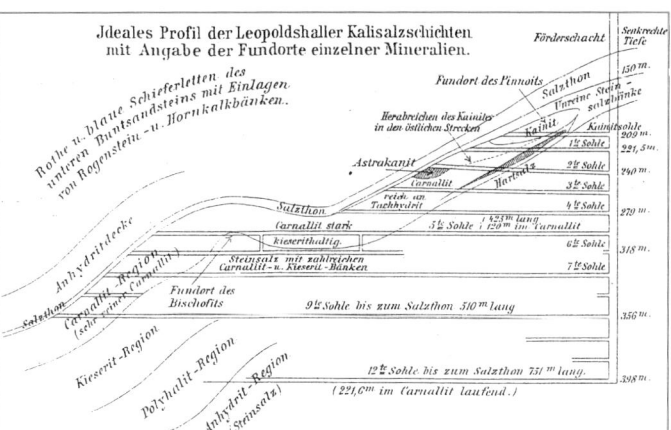

Profil des Leopoldshaller Salzlagers,
Schächte I und II,
E. Pfeiffer, Kali-Industrie, 1887

Salzpyramide und Salzsee im Festsaal
der alten Leopoldshaller Schächte an der Bernburger Straße,
Leopoldshall I/II, abgesoffen 1900

Die Schächte Leopoldshall I und II an der Bernburger Straße
im Jahre 1900

Grubenbahn unter Tage;
ca. 1890-1900

Füllort unter Tage;
ca. 1890-1900

Abbau im Carnallit;
Leopoldshall, 1890-1900

Abbau im Kainit;
Leopoldshall, 1890-1900

Musikpavillon auf dem Leopoldshaller Bergfestplatz;
um 1910

Schachtanlage Friedrichshall,;
Leopoldshall IV und V

Deutsches Kalisyndikat Leopoldshall-Staßfurt;
um 1910,
aufgestockt und umgebaut beherbergt das Gebäude heute noch das
Krankenhaus

Verwaltungsgebäude des Anhaltischen Salzwerks
Leopoldshall; um 1925

Kalisyndikat, G. m. b. H., Leopoldshall-Stassfurt.

Die Kalisalzbergwerke:

1. Königliche Berginspektion, Stassfurt,
2. Herzoglich Anhaltische Salzwerksdirektion, Leopoldshall,
3. Consolidierte Alkaliwerke, Westeregeln,
4. Salzbergwerk Neustassfurt, Stassfurt,
5. Kaliwerke Aschersleben, Aschersleben,
6. Gewerkschaft Ludwig II., Stassfurt,
7. Königliche Berginspektion Vienenburg.
8. Deutsche Solvay-Werke A.-G., Bernburg,
9. Aktien-Gesellschaft Thiederhall, Thiede,
10. Gewerkschaft Wilhelmshall, Anderbeck bei Halberstadt,
11. Gewerkschaft „Glückauf" Sondershausen,
12. Gewerkschaft Hedwigsburg, Neindorf bei Hedwigsburg,
13. Gewerkschaft Burbach, Beendorf bei Helmstedt,
14. Gewerkschaft Carlsfund, Gross-Rhüden,
15. Gewerkschaft Beienrode, Beienrode bei Königslutter,
16. Gewerkschaft Kalisalzbergwerk Asse, Wittmar,
17. Kaliwerke Salzdetfurth Akt.-Ges., Salzdetfurth,
18. Gewerkschaft Hohenzollern, Freden,
19. Bergbau-Aktien-Gesellschaft Justus I., Volpriehausen,
20. Meckl. Kalisalzwerke Jessenitz, Bergwerk Jessenitz,
21. Gewerkschaft Kaiseroda, Tiefenort,
22. Gewerkschaft Einigkeit, Ehmen bei Fallersleben,
23. Gewerkschaft Hohenfels, Post Algermissen,
24. Königliche Berginspektion, Bleicherode,
25. Gewerkschaftl Mansfeld'sche Handelsabteilung, Eisleben,
26. Gewerkschaft Johannashall, Johannashall bei Beesenstedt,
27. Gewerkschaft Alexandershall, Berka a. d. Werra,
28. Gewerkschaft Wintershall, Heringen a. d. Werra,
29. Gewerkschaft Heldburg, Kaliwerk, Salzungen,
30. Gewerksch. Grossherzog von Sachsen, Kaliwerk, Dietlas bei Dorndorf (Feldbahn),
31. Alkaliwerke Sigmundshall Akt.-Ges., Bokeloh b. Wunstorf Prov. Hannover
32. Alkaliwerke Ronnenberg Akt.-Ges., Hannover,
33. Gewerkschaft Rossleben, Rossleben a. d. Unstrut,
34. Mecklenburgische Gewerkschaft „Friedrich Franz" Lübtheen in Meckl,

haben sich behufs Vertriebs ihrer Bergwerks- und Fabrik-Erzeugnisse
auf gemeinsamer Grundlage zu dem

Kalisyndikat G. m. b. H., Leopoldshall-Stassfurt

vereinigt, an welches alle Aufträge sowie alle den Bezug der nachstehenden
Kalisalze betreffenden Korrespondenzen zu richten sind.
Zum Vertrieb durch das Kalisyndikat G.m.b.H., Leopoldshall-Staßfurt kommen:

a) rohe Kalisalze:

Kainit bezw. Hartsalz mind. 12,4% Kali, Carnallit mind. 9% Kali,
Sylvinit, 12,4—18% Kali, Kieserit, ca. 7,5% Kali,

b) konzentrierte Kalisalze:

Chlorkalium, mind. 50,5—56,8% Kali.
Schwefelsaures Kali, mind. 48,6 und 51,8% Kali.
Schwefelsaure Kalimagnesia, mind. 25,9% Kali u. höchst. 2½% Chlor.
Kalidüngesalz, mind. 20, 30 oder 40% Kali.
Kieserit, gelb. und gemahlen, mind. 70% schwefelsaure Magnesia.
Kieserit in Blöcken, mind. 55% schwefelsaure Magnesia.

Preislisten und spezielle Auskünfte über die zweckmäßige Anwendung der einzelnen Kalisalze sowie Broschüren u. Flugblätter über Resul-
tate bei allen in Kultur befindlichen Pflanzen auf Wunsch unentgeltlich.
Telegr.-Adr.: Syndikat, Staßfurt. — Fernspr.-Anschl. Staßfurt No. 25, 60, 94.

Verzeichnis der im Kalisyndikat
zusammengeschlossenen Bergwerke;
um 1905

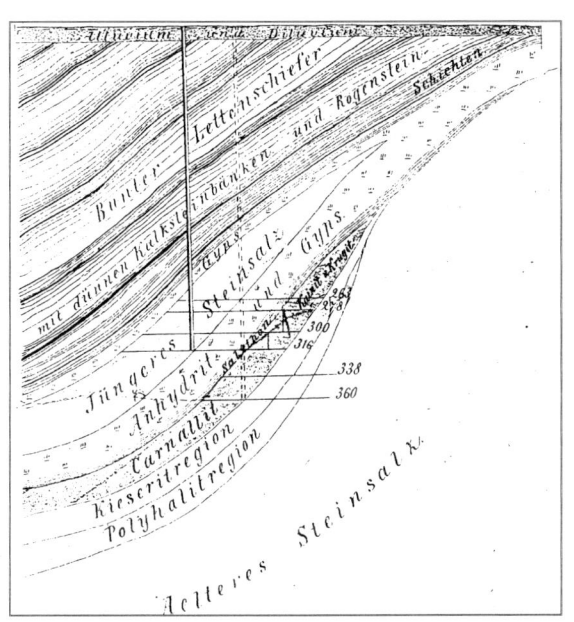

Profil des Salzbergwerks Neustaßfurt;
ca. 1885-1890

Der Agathe-Schacht Neustaßfurt;
um 1879

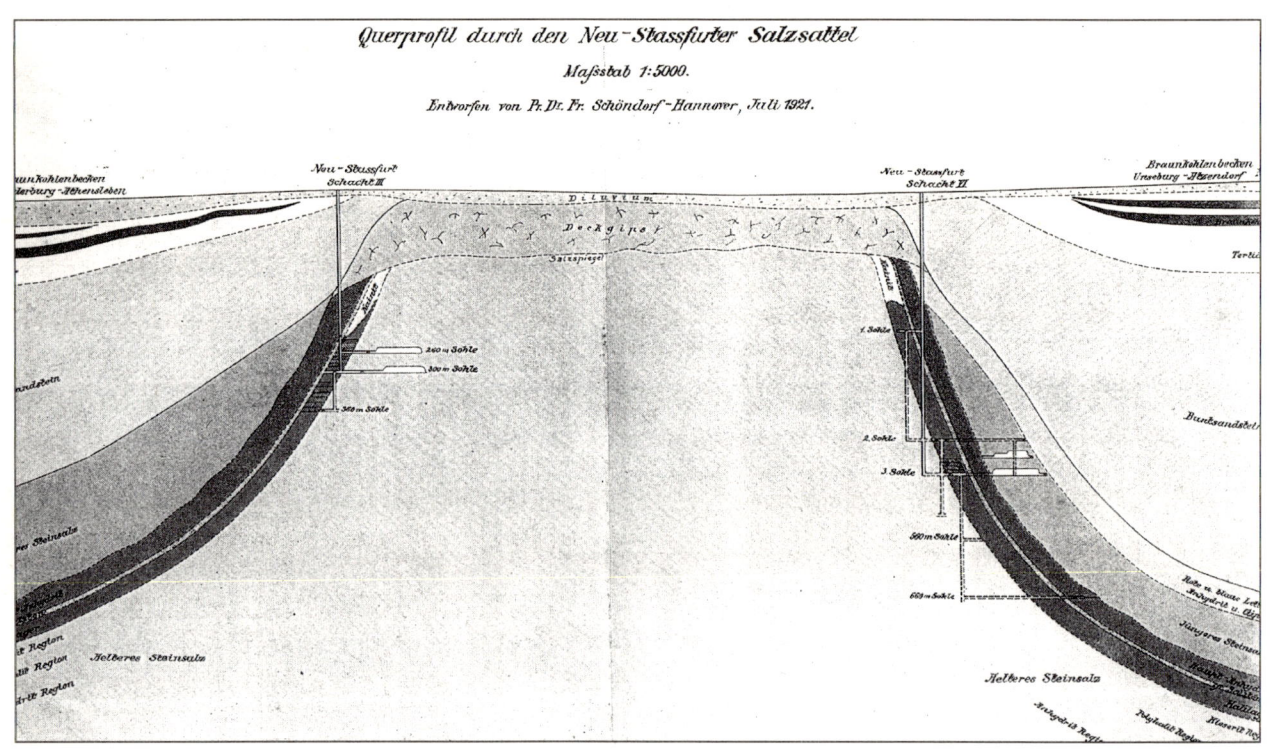

Profil des Neustaßfurter Salzsattels;
um 1921

Bergemühle im älteren Steinsalz;
Agatheschacht, Neustaßfurt

Elektrische Lokomotiv-Förderung im Agathe-Schacht;
1883

Laugendurchbruch im
Neustaßfurter Agathenschacht;
ca. 1910

205

Preßluft-Bohrhammer im Carnallit-Abbau;
Schacht VI, Neustaßfurt

Leichte elektrische Bohrmaschine im Carnallit-Abbau;
Schacht VI, Neustaßfurt

Förderung von Hand aus einer Steinsalzfirste;
Schacht VI, Neustaßfurt

Schacht VI, Neustaßfurt,
Mit der Aufgabe dieses Schachtes am 31.12.1972 kam der
Staßfurter Kalisalzbergbau endgültig zum Erliegen

Die "Große Mauer von Neustaßfurt";
nach dem Absaufen der Staßfurter und Leopoldshaller
Schächte auf der SW-Flanke des Staßfurter Sattels versuchte
man in Neustaßfurt, das Eindringen des Wassers durch einen
unterirdischen Mauerbau aufzuhalten.

Douglashall, Salzschächte Westeregeln;
um 1885

Die Abbildung zeigt sehr schön die Schichtung
und Faltung im Salzlager;
hier die Polyhalitregion in der Schachtanlage Hadmersleben I/II,
zu Westeregeln gehörig, um 1930

Hohe First im jüngeren Steinsalz;
Schachtanlage Hadmersleben I/II zu Douglashall,
später Alkaliwerke Westeregeln,
1925

Vermischtes aus der Stadtgeschichte

Glückwunschadresse zu Bismarcks 80. Geburtstag (1895)
vom Magistrat und der Stadtverordnetenversammlung der
Stadt Staßfurt;
Dabei Namen von Honoratioren: Geiß (Geish!), Bennecke,
Schreiber, Caspar, Güldenpfennig, Hecker, Lindemann,
Sauerbrey, Stengel, Thiemecke und Wermser

Friedrich Gottlieb Klopstock (1724-1803);
Er soll bei Reisen von seiner Heimatstadt Quedlinburg mehrmals
durch Staßfurt gekommen sein und Kirche und Saline "in
Augenschein genommen haben".
Heinrich Heine (1797-1856);
Er war 1825 anläßlich seiner Reise von Berlin nach Heiligen-
stadt, wo er vom Judentum zur evangelischen Kirche konvertier-
te und sich taufen ließ, in Staßfurt. Angeblich ist er bei einer
Familie Sandau im Haus der späteren Bäckerei Heidenreich
untergekommen und hat das Salzwerk besichtigt.

Wassertorstraße mit Post;
um 1910;
Man sieht auf dem Bild die Schienen der Straßenbahn,
die in einer Abzweigung bis ca 1925/30 zum Bahnhof
führten.

Umzug zu einem Turnerfest;
Bodebrücke im Jahre 1905

Bodebrücke im Jahre 1911

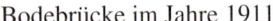

Staßfurter Notgeld aus den Jahren 1918 und 1921

Leopoldshaller Notgeld aus dem Jahre 1921

Festfolge:

8 Uhr: Choral vom Kirchturm.
11—12 Uhr: Platzkonzert auf dem Luisenplatz.
½2 Uhr: Antreten der Vereine auf dem Königsplatz.
2 Uhr: Abmarsch nach dem Denkmal.
½3 Uhr: Enthüllung und Weihe:
Vorspruch
Gemeinsamer Gesang: Wir treten zum Beten. Vers 1—3. (Text umst.)
Festandacht. Herr Pastor Eggebrecht und Herr Pfarrer Puls.
Sängerchor: Müller'scher Gesangverein.
Uebergabe des Denkmals durch den Erbauer an den Ausschuß.
Ansprache des Vorsitzenden der vaterländischen Verbände.
Enthüllung und Weihe
(Wenn die Hülle gefallen, spielt die Musik „Ich hatt' einen Kame-
raden! Während des 1. Verses feierliche Stille zum Gedenken der
Gefallenen.
Anschließend „Weihespruch".
Dann Niederlegung von Kränzen seitens der Angehörigen der
Gefallenen und der Vorsitzenden der Vereine).
Uebergabe des Denkmals an den Vertreter der Stadt.
Sängerchor: Müller'scher Gesangverein.
Schlußwort. Herr Pfarrer Puls.
Deutschlandlied Vers 1, 3 und 4. (Text umst.)
Abmarsch der Vereine nach den Festlokalen (Klingsch und Salz-
grafen).
Hierselbst Konzert.

Pfarrer Gottfried Eggebrecht;
1860 - 1934

Programm der Einweihungsfeier;
der erste ökumenische Gottesdienst in Staßfurt, abgehalten von dem
evangelischen Pfarrer Eggebrecht und dem katholischen Pfarrer Puls

Pfarrer Johannes Maria Puls;
1883 - 1951

Festschrift zur Weihe des Ehrenmals für die Gefallenen des
1. Weltkriegs 1914-1918 in Staßfurt am 16. September 1928

Personenbahn am ehemaligen Schloßpark,
Hecklinger Landstraße

Abzweigung der Wassertorstraße
von der Steinstraße

Bilder von verschiedenen Streckenabschnitten
der "Staßfurter Kleinbahn" (Straßenbahn);
eröffnet am 11. April 1900, aufgegeben am 31. Dezember 1957

Athenslebener Weg am Wasserturm

Das Straßenbahndepot am Athenslebener Weg,
heute Kraftverkehr

Das Ende der Steinstraße mit der Einmündung in die Wassertorstraße.
Im Hintergrund ist die bogenförmige Stahlkonstruktion
der Mühlgrabenbrücke sichtbar.
Photographie um 1925
Steinstraße

Der "Seeteufel" Graf Luckner,
der bekannteste deutsche Marineoffizier
des 1. Weltkrieges,
kam öfter nach Staßfurt
zu dem ihm befreundeten Geschäftsführer
der Firma Bennecke, Engelhardt,
in das Barockhaus Steinstraße 4.
Auf dem Bild ist er mit einem der
frühen Staßfurter Radioapparate
(ca. 1925-1930) abgebildet.

Kohlenzug auf der Landstraße
von Neustaßfurt

Inserat des Kohlenhofes Staßfurt;
hier endete die Roßbahn von der Jakobsgrube

Beladung eines Kohlenzuges am Löderburger
Braunkohlenschacht

Die sogenannte "Roßbahn";
diese Werksbahn transportierte Kohle vom Löderburger Tagebau
(Jakobsgrube) über Gänsefurth nach Staßfurt und Hecklingen

Der Staßfurter Bahnhof, wegen Bergschäden
am 1. Dezember 1976 geschlossen; abgerissen ab 16. März 1977

Das Geschäftslokal in der Charlottenstraße 79, Berlin (1930)

Eine seltene Version des "Mikrohet", 1927

Werbung mit Lil Dagover (1934)

Staßfurt war nicht nur Kalibergbau. In den 20er Jahren ging aus dem Stromversorgungsunternehmen "Staßfurter Licht- und Kraftwerke AG" die Firma STASSFURTER IMPERIAL hervor. Von einer kleinen Werkstatt entwickelte sie sich zu einem eigenständigen Werk. Durch den frühen Einstieg in das Konstruktionsprinzip des Superhet ab 1927 schuf sie sich einen technologischen Vorsprung, der ihr Überlegenheit bis in die 30er Jahre hinein sicherte.

Lil Dagover daheim, natürlich mit "Imperial"-Musikschrank;
Fotos auf Seite 218 und 219 aus: C.v.Sengbusch, Staßfurter Imperial, Kelkheim 1990

Mittelalterliches Kampfgetümmel vor dem Wassertor
(an der Bodebrücke)

Bilder aus dem Festumzug der Staßfurter Tausendjahrfeier, 1934

Ferdinand von Schill mit seinen Reitern am 5.5.1809 in
Staßfurt

General Graf Tschernitscheff mit seinen Kosaken am
14.5.1813

IV. Staßfurt unter Brandenburgischer Hoheit.

9. Gruppe. Der Große Kurfürst mit Derfflinger und dem Prinzen von Homburg in Staßfurt.
(Im westfälischen Frieden 1648 wurde das Erzbistum Magdeburg Brandenburg zugesprochen, mithin auch Staßfurt. Der Große Kurfürst konnte aber erst nach dem Tode des letzten Administrators vom Erzstift Besitz ergreifen. Das geschah 1680. Aber schon 5 Jahre vorher weilte der Große Kurfürst mit der oben genannten Begleitung als Gast auf dem Schlosse zu Staßfurt bei dem Freiherrn von Lelthmaid.)

10. Gruppe. Leutnant Vollrath August Wilke von Schladen aus Staßfurt zieht in den 7jährigen Krieg.
(Der Staßfurter Leutnant von Schladen nahm teil an der Schlacht bei Roßbach, in der Friedrich der Große am 5. November 1757 die Franzosen glänzend aufs Haupt schlug. Der Leutnant erhielt in dieser Schlacht gefährliche Wunden, an deren Folgen er am 8. November in Merseburg verstarb.)

V. Die Zeit der Freiheitskriege.

Musik in Uniformen von 1813.

11. Gruppe. Der Freiheitsheld Major von Schill mit seinem Adjutanten Leutnant Bärsch in Staßfurt.
(Am 4. Mai 1809 erschien mit seinen Husaren der Freiheitsheld Ferdinand von Schill in Staßfurt. Unsere Saltzenkasse erreichteihe mit ann 600 Taler. Tags darauf lieferte er den Feinden bei Dodendorf vor Magdeburg das siegreiche Gefecht.)

12. Gruppe. Turnvater Jahn mit seinen Turnern.
(Friedr. Ludwig Jahn hatte 1813 großen Anteil an der Bildung des Lützow'schen Freikorps. Nach den Freiheitskriegen widmete er sich mit Friesen, Eiselen u. a. m. der weiteren Ausbildung der Turnkunst u. körperlichen Ertüchtigung der Jugend.)

13. Gruppe. Der russische General Tschernitscheff mit seinen Kosaken in Staßfurt.
(Am 30. Mai 1813 sprengten spät abends einige Kosaken durch Staßfurt. Am nächsten Morgen erschien hierorts das Kosakenkorps des Generals Tschernitscheff, der den westfälischen General von Ocha als Gefangenen mit sich führte. Die Russen wurden von den Staßfurtern herzlichst begrüßt und auf das Beste bewirtet.)

VI. Aus Staßfurts Industrie und Bürgerleben.

Bergkapelle in Uniform.

14. Gruppe. Staßfurter Kötger (Salzwirker) in ihrer Tracht.
(Die Staßfurter Salzsieder, Kötger genannt, bildeten eine eigene Brüderschaft zum hl. Laurentius.)

15. Gruppe. Staßfurter Pfänner oder Salzgrafen.
(Seit dem 15. Jahrhundert befindet sich die Staßfurter Saline in den Händen einer „Adligen Pfännerschaft", die den Siedebetrieb zunächst gemeinsam, den Verkauf aber getrennt führte. Aufgenommen in ihre Mitte konnte jeder Adlige werden, der seine 16 Hauptahnen nachweisen konnte, von ehelicher Geburt war und 30 Gulden in die Pfännerschaftskasse zahlte.)

16. Gruppe. Der Schalk Till Eulenspiegel in Staßfurt.
(Nach der 6. Historie betrug der Schalk Eulenspiegel einen Bäckermeister.)

17. Gruppe. Bürger und Bürgerinnen in den Trachten der Zeit der Eröffnung der ersten Salzschächte.
(Am 31. Januar 1852 fand die feierliche Eröffnung der beiden, inmitten der Stadt gelegenen ersten Steinsalzschächte von der Heydt und von Manteuffel statt.)

18. Gruppe. Staßfurter Bergleute in Paradeuniform.

19. Gruppe. Musik.
Schützen: a) Bogenschützen in ihren mittelalterlichen Kostümen;
b) Staßfurter und auswärtige Schützen.

20. Gruppe. Trachten: Bördetracht und andere.

21. Gruppe. Trommler und Pfeifer des Landwehr- und Kriegervereins II und der Krieger in Friedensuniformen.

Bemerkung: Mit der Aufstellung und Oberleitung des Festzuges wurde der Stadt-Archivar Fr. Müller betraut // Die Kostüme lieferte die Firma Peter A. Becker in Berlin.

Till Eulenspiegel in Staßfurt

Die Staßfurter Salzgrafen

Die Bergkapelle und Bergleute in Paradeuniform

Titelblätter der Heimatspiele "St. Barbara" und "Weißes Gold"
von Otto Föhse

Der Bergmannsbrunnen auf dem Großen
Markt vor der Johanneskirche

Szenenbild aus dem Festspiel "Weißes Gold" mit
der Hecklinger Kirche

Szenenbild aus dem Festspiel "Weißes Gold" mit
dem Staßfurter Renaissancerathaus

Das Strandsolbad Leopoldshall um 1930;
Nach einer Werbung aus dieser Zeit handelt es sich um das einzige "Sole-Freibad" in Deutschland.
Das Bad ist ein teilweise verfüllter Erdfall aus den 80er Jahren des vorigen Jahrhunderts.

5 Wandbilder in der ehemaligen Gaststätte "Schützenhaus",
heute Stadt- und Kreisbibliothek;
Humorvolle Bilder zur Staßfurter Stadtgeschichte
von Karl Lempke, Quedlinburg,
mit ironisch-witzigen Versen von Franz Müller, um 1935.
Nach dem II. Weltkrieg beseitigt.

Hans Rieger;
Arzt, langjähriger ehrenamtlicher Stadtarchivar in Staßfurt und hochverdienter Heimatforscher.
Als Arzt nahm er sich der Ärmsten der Armen an, was ihm einen beinahe legendären Ruf verschaffte.
Nach einem Photo umgezeichnet von M. Marzahn

Müller'scher Männer-Gesang-Verein, Stassfurt.
(Gegründet 1838.)
— Leitung: Chormeister Franz Müller. —

Vereins-Lazarett

Stassfurt-Leopoldshall.

═══ 13. August 1916 ═══

1. Segenswunsch, Männerchor . . . v. Weinzierl
2. An die Heimat, Männerchor . . . Jüngst
3. Was der Wald erzählt, Quartett . . Im Volkston
4. Waldandacht, Männerchor . . . . Köhler
5. Unter dem Lindenbaum, Duett . . Eberle

Hauptlehrer Franz Müller (1869-1937);
übte viele ehrenamtliche Funktionen im Rahmen der Stadtgemeinde Staßfurt
aus: Stadtarchivar, Museumsleiter, städtischer Turninspektor,
Leiter des Müllerschen Männergesangsvereins u.a.
Als Heimatforscher war er Herausgeber eines Stadtführers (1911) und
Verfasser vieler Broschüren und Artikel zur
Stadt-, Kirchen- und Klostergeschichte.

Kosaken sind vor allen Dingen / Vergnügt und froh beim Humpen-Schwingen
Und auch der Herr von Tschernitscheff / Der leistet was in dem Betreff.

Hier fordert Tilly unverfroren / Die Schlüssel zu den Salzstadt-Toren.
Der Magistrat scheint ihn zu hassen, / Doch durfte er's nicht merken lassen.

Anhang

1.) **Die Salzschächte im Raum Staßfurt**

1.1.) Königlich preußische Schächte
Schächte v. d. Heydt und v. Manteuffel   (Staßfurt I u. II)
Achenbachschacht   (Staßfurt III)
Schächte v. Berlepsch und v. Maybach   (Staßfurt IV u. V)
Brefeldschacht I und II bei Tarthun   (Staßfurt VI und VII)
(Brefeld I ab Oktober 1895 und Brefeld II 1912/13 abgeteuft.)

1.2.) Herzoglich anhaltische Schächte
Leopoldshall I und II, an der Bernburger Straße
Leopoldshall III, später Bleicherdewerk an der Rathmannsdorfer Chaussee
Leopoldshall IV und V, genannt Friedrichshall I und II
Leopoldshall VI, an der Bahnstrecke Staßfurt-Güsten, kurz vor Güsten

1.3.) Private Bergwerksgesellschaften

1.3.1.) Gewerkschaft Ludwig II
Schacht I und II, hinter dem Schlachthof bzw. Berlepschschacht an der Bode
Schacht III, an der Hohenerxlebener Chaussee

1.3.2.) Gewerkschaft Neustaßfurt
Agathe-Schacht   (Neustaßfurt I)
Hammacher-Schacht   (Neustaßfurt II)
Neustaßfurt III, Wetterschacht 2 km nördlich des Hammacher Schachts
Neustaßfurt IV, in der Nähe des Vorwerks Rothenförde
Neustaßfurt V, 2. fahrbarer Ausgang zu Schacht IV, ca. 900 m weiter nordwestlich
Neustaßfurt VI/VII, an der Straße von Löderburg-Lust nach Atzendorf

2.)　　　**Verzeichniss der chemischen Fabriken in Staßfurt-Leopoldshall**

2.1.)　　　Im Jahre 1871

Franksche Fabrik
Vorster & Grüneberg
Löfaß; ab 1882 F. W. Berk
Leisler & Townsend
Fr. Müller
Ziervogel und Tuchen
Lindemann & Co.
Frölich & Freitag
Zimmer & Co., am ehemaligen Braunkohlentagebau Löderburg
Thörl & Heidtmann, später "Chemische Fabrik Harburg-Staßfurt"
Chemische Fabrik Horn; 1879 Fusion mit der Fabrik Beit & Philippi
Gebrüder Kiesel & Co.; später Kiesel & Lücke, dann F. H. Lücke
Thiemann & Förster
Paul & Falke; ging für kurze Zeit an Vorster, dann an Lossen über
Leopoldshütte von (v.) Douglas
Sachse, Esche & Co., später Hanse, Esche & Co.
Wüstenhagensche Fabrik, am Ortseingang von Hecklingen
Andrä & Grüneberg
Wünsohe & Göring
F. R. Kiesel; später "Chemische Fabrik Ascania"
Kevel & Lucke
Jena, Held & Winterfeld; später Jena & Winterfeld
C. Nette, Faulwasser & Co.
Concordia A.-G.
Friedrichshütte; ging Anfang der 80er Jahre nebst der Fabrik von Andrä & Grüne-
　　　berg in den Besitz von Vorster & Grüneberg unter dem Namen "Chemische
　　　Fabrik Kalk" über
Stein, Kietz & Dechendt; später Stein & Kietz, dann C. Kietz

Müller & Allihn
Schachnow & Wolff
Maigatter, Green & Co.
Anbau der Leopoldshütte

2.2.)   Im Jahre 1883

Ammoniak-Soda-Fabrik Staßfurt, Filiale der Chemischen Fabrik Buckau
F. W. Berk
Beit & Philippi
Chemische Fabrik Harburg-Staßfurt, vormals Thörl & Heidtmann
G. Lindemann & Co.
Staßfurter Chemische Fabrik, vormals Vorster & Grüneberg:
       a.) Etablissement I;   vormals Vorster & Grüneberg, die "Sülze"
       b.) Etablissement II;   vormals Frölich & Freitag
       c.) Etablissement III; vormals Leisler & Townsend
Société anonyme du Carbonate de Potasse siége social à Montpellier

Chemische Fabrik Ascania
Chemische Fabrik Concordia:
       a.) Etablissement I;   früher Concordia
       b.) Etablissement II;   früher Wünsche & Göring
       c.) Etablissement III; früher Lücke

C. Kietz
Maigatter, Green & Co.
Dr. Fr. Müller
Müller & Allihn
Nette, Faulwasser & Co.
Schachnow & Wolff
Vereinigte Chemische Fabriken zu Leopoldshall
       a.) Etablissement I; Neubau

b.) Etablissement II; früher Thiemann & Förster

c.) Etablissement III; früher Dr. Lossen

d.) Etablissement IV; früher Jena & Winterfeld

e.) Etablissement V; früher Lücke

f.) Etablissement VI; früher Ziervogel & Tuchen

g.) Etablissement VII; früher Dr. Frank

h.) Etablissement VIII; früher Douglas

i.) Etablissement IX; Neubau

j.) Etablissement X; früher Hanse, Esche & Co.

Chemische Fabriken von Vorster & Grüneberg, Leopoldshall:

a.) Etablissement I; früher Andrae (Andrä) & Grüneberg

b.) Etablissement II; früher Friedrichshütte

2.3.)   Im Jahre 1903

Ammoniak-Soda-Fabrik Staßfurt

Beit & Co.

Chemische Fabrik Harburg-Staßfurt, vormals Thörl & Heidtmann

Lindemann & Co.

Staßfurter Chemische Fabrik, vormals Vorster & Grüneberg:

Etablissement I - III (siehe Verzeichnis des Jahres 1883)

Düngemittelfabrik von Schippan & Co., später Staßfurter Chemische Fabrik,

Etablissement IV

Ascania

Concordia:

Etablissement I und II (siehe Verzeichnis des Jahres 1883)

Etablissement III, früher Nette, Faulwasser & Co.

Chemische Fabrik Kalk

Maigatter, Green & Co.

Fr. Müller

Schachnow & Wolff

Vereinigte Chemische Fabriken Leopoldshall:

a.) Etablissement I u. VIII; letzteres früher Douglas, Chromatfabrik

b.) Etablissement II; früher Thiemann & Förster

c.) Etablissement V; früher Lücke

d.) Etablissement VI; früher Ziervogel & Tuchen

e.) Etablissement IX;

f.) Etablissement X; früher Hanse, Esche & Co.

g.) Salzsäure- und Chlorkalkfabrik

h.) Blutlaugensalzfabrik: früher Müller & Allihn

Chemische Fabrik Achenbach des Königlich Preußischen Salzbergwerks

Reklamebogen aus der Anfangszeit der Staßfurter chemischen Industrie

Patent - Sulfat - Fabriken
von
VORSTER & GRÜNEBERG.

Leopoldshall bei Stassfurt, im August 1867.

P. P.

Seitdem die Ueberzeugung sich überall Bahn gebrochen, dass, das durch die verschiedenen Culturgewächse dem Boden in grosser Menge entzogene Kali mittelst entsprechender Düngung wieder zugeführt werden müsse, seitdem die Entdeckung des Stassfurter Kalilagers es ermöglichte diesen wichtigen Ernährungsstoff billig zu beschaffen, hat man von vielen Seiten die Frage aufgeworfen, welches von den verschiedenen Kalidüngmitteln das geeigneteste und billigste sei. — Zugleich war es von grosser Wichtigkeit zu erforschen, welche Kali-verbindung am Besten den Pflanzen zusage. —

Versuche die von hervorragenden Landwirthen und Industriellen in den letzten Jahren angestellt wurden, haben das Resultat geliefert, dass, während die Chlorverbindung den Culturgewächsen zum Theil schadete, sich die schwefelsaure Verbindung des Kali als äusserst wirksam erwies. — Es hat sich demnach zur Genüge herausgestellt, dass ein möglichst chlorfreies hochprocentiges schwefelsaures Kali das geeigneteste Material für eine rationelle Kalidüngung ist. — Dasselbe enthält den eigentlichen Nährstoff in grösstmöglichster Menge und empfiehlt sich durch die bedeutende Fracht-Ersparniss, die bei Bezügen dieses Salzes, gegenüber dem geringprocentigen Kalidünger erzielt wird, in welchem ein grosser Theil für den Acker absolut werthloser Stoffe versandt werden. —

Seit Beginn dieses Jahres haben wir, um den vielfachen Anfragen nach möglichst chlorfreiem schwefel-sauren Kali zu genügen, zwei unserer Fabriken ausschliesslich für die Fabrikation dieses Salzes eingerichtet. — Wir sind nunmehr im Stande ein nahezu Kochsalzfreies schwefelsaures Kali von 70°/₀ Gehalt zu dem billigen Preise von Thlr. 3¹/₃ pro 100 Pfd. excl. Embl. ab Stassfurt in grossem Umfange liefern zu können. — Das Fabrikat, welches sich vornehmlich zur Rübencultur eignen dürfte, enthält als Restbestandtheile nur schwefelsaure Magnesia, Glaubersalz und Gyps. — Zu einer reichlichen Düngung werden 150 bis 200 Pfd. pro Morgen genügen. — Indem wir Ihnen dies Product angelegentlichst empfehlen, zeichnen

Hochachtungsvoll und ergebenst

VORSTER & GRÜNEBERG.

3.)   **Produktionsanzeigen von Staßfurter chemischen Fabriken**

3.1.)   Staßfurter Chemische Fabrik 1883
                Chlorkalium von 50 - 99 %
                Schwefelsaures Kali (Kaliumsulfat) von 90 - 95 %
                Chlormagnesium
                Kalidünger jeder Art
                Glaubersalz
                Bittersalz
                Viehsalze
                Badesalze
                Schwefelsäure

3.2.)   Vereinigte Chemische Fabriken zu Leopoldshall 1903
                Aetzmagnesia
                Badesalze
                Bittersalz (Magnesiumsulfat)
                Brom und Bromeisen
                Chlorkalium
                Chlorkalk
                Chlormagnesium
                Chlorsaueres Kali (Kaliumchlorat)
                Chromsaures Natron (Natriumchromat)
                Cyankalium
                Glaubersalz (Natriumsulfat)
                Gelb-blausaures Kali (Gelbes Blutlaugensalz)
                Kalidüngesalze
                Kali(um) sulfuricum (Kaliumsulfat)
                Kieserit in Blöcken
                Phosphorsaures Natron (Natriumphosphat)
                Schwefelsaures Kali
                Wasserstoff

Chem. Fabriken Harburg-Stassfurt,

vorm. Thörl & Heidtmann, Akt.-Ges.,

in **Harburg-Stassfurt** ▢

fabrizieren:

Antichlor, Chlorkalium, Glaubersalz, Kieserit in Blöcken, Schwefelnatrium, Kampfer, Kali- u. Natron-Salpeter, Soda (kryst.), Zinnsalze.

3.4.)   Schachnow & Wolff 1903

        Chlorkalium
        Chlormagnesium
        Glaubersalz
        Bittersalz
        Kieserit
        Kalldüngesalze
        Badesalze
        Blutlaugensalz
        Rhodansalze
        Ammoniaksalze (Ammoniumsalze)
        Cyankalium

Schachnow & Wolff

Chemische Fabriken

Fernsprecher No.19.   **Leopoldshall**   Fernsprecher No.19.

fabrizieren:

Chlorkalium
Chlormagnesium
geschmolzen u. krystallisirt
Glaubersalz
Bittersalz
Kieserit
Kalidüngesalze
Badesalze
Blutlaugensalz
Cyankalium

3.5.)   Vereinigte Chemische Fabriken zu Leopoldshall 1907
           Chlorkalium
           Kalidüngesalze
           Schwefelsaures Kali
           Schwefelsaure Kalimagnesia
           Kieserit in Blöcken
           Bittersalz
           Glaubersalz
           Badesalze
           Gebrannte Magnesia (Magnesiumoxid)
           Magnesiahydrat
           Chlormagnesium
           Chlorcalcium (Kalziumchlorid)
           Chlorkalk
           Salzsäure
           Brom
           Bromeisen
           Bromsalze   (Bromide)
           Natriumbichromat   (Natriumdichromat)
           Kaliumbichromat
           Gelbblausaures Kali (Gelbes
                   Blutlaugensalz)
           Gelbblausaures Natron
           Acetylenreinigungsmasse (?)
           Cyankalium

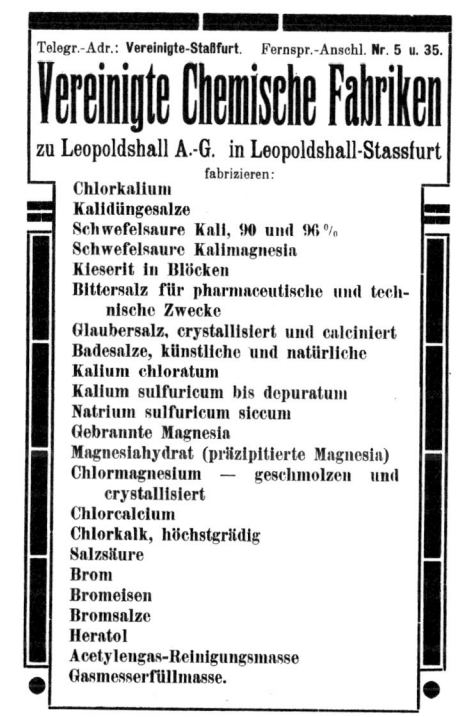

Telegr.-Adr.: **Vereinigte-Staßfurt.**   Fernspr.-Anschl. **Nr. 5 u. 35.**

Vereinigte Chemische Fabriken
zu Leopoldshall A.-G. in Leopoldshall-Stassfurt
fabrizieren:

Chlorkalium
Kalidüngesalze
Schwefelsaure Kali, 90 und 96 %
Schwefelsaure Kalimagnesia
Kieserit in Blöcken
Bittersalz für pharmaceutische und tech-
        nische Zwecke
Glaubersalz, crystallisiert und calciniert
Badesalze, künstliche und natürliche
Kalium chloratum
Kalium sulfuricum bis depuratum
Natrium sulfuricum siccum
Gebrannte Magnesia
Magnesiahydrat (präzipitierte Magnesia)
Chlormagnesium — geschmolzen und
        crystallisiert
Chlorcalcium
Chlorkalk, höchstgrädig
Salzsäure
Brom
Bromeisen
Bromsalze
Heratol
Acetylengas-Reinigungsmasse
Gasmesserfüllmasse.

3.6.)   Staßfurter Chemische Fabrik 1925/26
           Entfärbungskohle
           Bittersalz
           Blaukali (Cyankali bzw. Kaliumcyanid)
           Harnstoff
           Cyansaures Kali (Kaliumcyanat)

Cyansaures Natron
Nitrol. Pottasche (?)
Chlorcalcium
Schwefelsäure
Kaliummetabisulfit ($K_2S_2O_5$)
Borsäure
Phosphat(düngemittel)
Kieselfluornatrium (Na_2SiF_6)
Eisenvitriol (Eisensulfat)

3.7.)   Concordia 1925/26
Chlorkalium
Kalidüngesalze
Kieserit
Chlormagnesium
Bittersalz
Schwefelnatrium (daraus auch
zeitweise Natriumthiosulfat -
Fixiersalz oder
Antichlor - hergestellt)
Salzsäure
Natriumsulfat
Brom
Dicalciumphosphat

3.8.)   Concordia 1953
Chlormagnesium
Schwefelnatrium
Cyansaures Natrium   (Natriumcyanat)

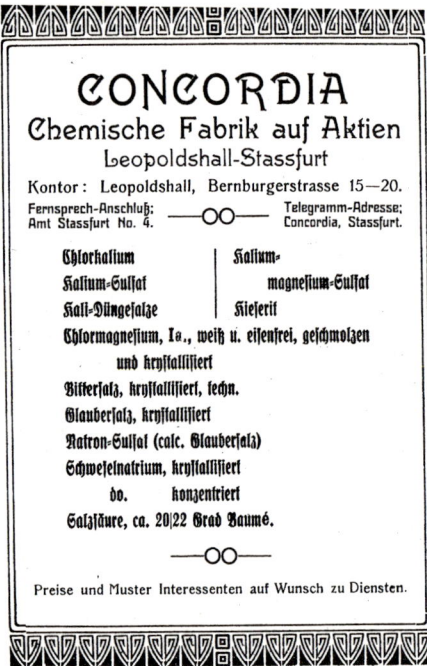

3.9.)   Chemische Fabrik Achenbach 1953
              Chlorkalium
              Kalidüngesalze
              Kieserit in Blöcken
              Borazit
              Kaliumsulfat
              Brom

3.10.)   Pottaschefabrik Neustaßfurt 1953
              Pottasche   (Kaliumkarbonat)
              Kaliumhydrogenkarbonat
              Chlorkalium, chemisch rein
              Kaliumsulfat, chemisch rein

3.11.)   Sodafabrik Staßfurt 1954
              Soda (Natriumkarbonat)
              Natriumbikarbonat   (Natriumhydrogenkarbonat)
              Natronlauge

Flaschenaufkleber der "Heilquelle" Staßfurt-Friedrichshall, die in den den Jahren 1908-1912
wirtschaftlich genutzt wurde.
Es handelt sich hier um den "Rathmannsdorfer Gesundbrunnen", der um 1700 schon einmal weithin bekannt
war. Dazu gibt es mehrere Veröffentlichungen des Heimatforschers Franz Müller.

Literaturverzeichnis

1.) F. Ausfeld: Soziale Zustände in Staßfurt zu Anfang des 17. Jahrhunderts, Magdeburg 1905

2.)A. Becker: Staßfurt während des Dreißigjährigen Krieges, Clausthal-Zellerfeld 1929

3.) F. Bischof: Die Steinsalzwerke bei Staßfurt, Halle 1864

4.) Festschrift zum 50jährigen Bestehen der chemischen Fabrik "Concordia", 1922

5.) Festschrift zum 50jährigen Bestehen der "Consolidirten Alkaliwerke Westeregeln", 1931

6.) Festschrift mit Anhang: 100 Jahre Staßfurter Salzbergbau, Staßfurt 1952

7.) H. Freydank: Die Saline zu Staßfurt, Berlin 1934

8.) W. Friedensburg: Die Provinz Sachsen, ihre Entstehung und Entwicklung, Halle 1919

9.) E. Fulda: Die Salzlagerstätten Deutschlands, 1938

10.) Fr. W. Geiß: Chronik der Stadt Staßfurt, 2. Auflage, Staßfurt 1898

11.) K. Jahr: Dr. Frank, der Schöpfer der Kaliindustrie, Manuskript 1951

12.) G. v. Kessel: Tagebuch Dieterich Sigismunds von Buch aus den Jahren 1674 - 1683, Jena und Leipzig 1865 (mitgeteilt bei Freydank)

13.) Fr. Kowolik: Die Entwicklung der Staßfurter Salzindustrie und ihrer Verarbeitungsmethoden, Manuskript 1954

14.) Fr. Kowolik: Festschrift St. Marien Staßfurt, Staßfurt 1987

15.) E. Linße: Ein niederländisches Schnitzkunstwerk der Spätgotik in Staßfurt, Berlin-Dresden 1961

236

16.) E. Linße: Der Staßfurter Schnitzaltar, Staßfurt 1985/86

17.) Fr. Müller: Führer durch Staßfurt-Leopoldshall, Staßfurt 1911

18.) Fr. Müller: Das Adelsgeschlecht derer von Werdensleben, Staßfurt 1921

19.) Fr. Müller: Ein alter Taufstein in der St. Petrikirche zu Staßfurt, Staßfurt 1922 und Schönebeck 1926

20.) Fr . Müller: Staßfurts Geschick während des Dreißigjährigen Krieges, Staßfurt 1928

21.) Fr. IIüller: Heraldische Grabsteine auf dem alten Friedhofe in Staßfurt, Magdeburg 1929

22.) Fr. Müller: Ein altes Staßfurter Adelsgeschlecht, die jetzigen Grafen von Hacke, Manuskript um 1930

23.) Fr. Müller: Der Flügelaltar in der Hospitalkapelle zu Staßfurt, Magdeburg 1930

24.) Fr. Müller: Staßfurter Sagen (nach Geiß), Staßfurt 1931

25.) Fr. Müller: Staßfurt im Wandel der Zeit, Staßfurt 1934

26.) Fr. Müller: Eine Mönchshandschrift vom Jahre 1439, Magdeburg 1936

27.) Fr. Müller: Festschrift zum 50jährigen Bestehen der Staßfurter Schützengilde e. V., Staßfurt 1937

28.) ohne Verfasserangabe: Die Feier der Eröffnung des Förderschachtes im Steinsalz-Bergwerke zu Staßfurt am 31.1.1852, Aschersleben 1852

29.) J. Opel: Die Vereinigung des Herzogtums Magdeburg mit Kurbrandenburg, Halle 1880

30.) E. Pfeiffer: Handbuch der Kaliindustrie, Braunschweig 1887

31.) H. Precht: Die Norddeutsche Kaliindustrie, 1907

32.) H. Rieger: Chronik der Stadt Staßfurt, Magdeburg 1927

33.)Fr. Schöndorf: Festschrift zum 50jährigen Bestehen des Salzbergwerks Neustaßfurt, 1921

34.) H. Wäschke: Briefwechsel zwischen M. Luther und dem Rate zu Staßfurt. nach Kopien im herzoglichen Hausarchiv Zerbst, Staßfurt 1921

35.) J. Westphal: Geschichte des Salzwerks zu Staßfurt, Festschrift zum 50jährigen Bestehen des Staßfurter Salzwerks, Berlin 1901

Ergänzender Bildnachweis:

1. Hans-Heinz Emons, Hans-Henning Walter: Alte Salinen in Mitteleuropa,
     Verlag für Grundstoffindustrie, Leipzig 1988 (S. 14, 18, 19, 30, 31, 97, 176, 177, 250)
2. dieselben: Mit dem Salz durch die Jahrtausende,
     Verlag für Grundstoffindustrie, Leipzig 1986 (S. 68)
3. H.-H. Walter: 3000 Jahre Salzgewinnung im Magdeburger Land,
     Herausgeber Kreismuseum Schönebeck (Elbe), 1986 (S. 51)
4. Otfried Wagenbreth, Walter Steiner: Geologische Streifzüge,
     Verlag für Grundstoffindustrie, Leipzig 1989 (S. 58)
5. Sächsische Landesbibliothek, Abt. Deutsche Fotothek, R. Richter
     S.84 Aubry, Peter II (1610-1686), Johann Banner (Banér, Banier) Kupferstich, 140x108 mm
     S.84 Bernigeroth, Martin (1670-1733), Mathias Graf v. Gallas, Kupferstich, 164x111 mm
6. Kunstsammlungen der Veste Coburg
     S.84 Moncornet, Baltazar, J. L. H. Isolani, Neg.-Nr. 29454, Inv.-Nr. IX, 671, 318

Ohne Frau Kamrad - "Gutes Buch" Staßfurt - wäre wohl diese Veröffentlichung nicht zustande gekommen. Sie hat mehrere Versuche unternommen, um für mich einen Verleger zu finden. Ihrem Optimismus und ihrer Beharrlichkeit verdanke ich die Begegnung mit Herrn Dr. Ziethen.

Die Vorlagen für die Bildreproduktionen stammen, wenn an anderer Stelle nicht ausdrücklich anders ausgewiesen, aus der Sammlung Müller-Kowolik.

Die vielfältigen Fotoarbeiten führte Frau Fotomeisterin Karin Marzahn in bewährter vorbildlicher Weise aus. Sie hat überhaupt diese Arbeit durch viele Hinweise und große Hilfsbereitschaft gefördert.

Herr Kurt Arlt kopierte eine Vielzahl von Bildern, ohne bei meinen Wünschen jemals die Geduld zu verlieren!

Weil eine Reihe von Abbildungen nur in sehr schlechter Qualität zur Verfügung stand, war in diesen Fällen eine graphische Umsetzung notwendig. Dabei haben mich Frau Ingeborg Stelmecke, Fräulein Marika Marzahn und Herr Hans-Joachim Niemann unterstützt.

Allen Genannten gebührt mein besonderer Dank.

Zu danken habe ich auch einer Reihe von Museen und staatlichen Sammlungen, die Bilder bereit stellten. Stellvertretend möchte ich die Sächsische Landesbibliothek Dresden (Kupferstichkabinett und Deutsche Fotothek), die Kunstsammlungen der Veste Koburg und die Staatlichen Museen Greiz nennen. In freundlicher und entgegenkommender Weise hat bereits vor der Wende Herr Direktor Dr. R. Slotta vom Deutschen Bergbaumuseum Bochum mir Bild- und Textmaterial geliefert.

Schließlich habe ich durch eine Anzahl von Privatpersonen wertvolle Bilder übermittelt bekommen. An erster Stelle möchte ich hier Frau A. Jahr danken, die mir einen Einblick in die Hinterlassenschaft ihres Mannes gewährte. Herr Karl Jahr ist für mich der letzte souveräne Kenner der Staßfurter Stadt- und Heimatgeschichte aus der älteren Generation gewesen, dem ich persönlich viel verdanke. Überraschende Funde vermittelten mir Herr Dr. Friedrich Wilhelm Geiß (aus der 5. Arztgeneration unserer Staßfurter Honoratiorenfamilie), Herr Pfarrer H.-J. Mielcke, Gütersloh, Herr Dr. Vogel, Nienburg, und Herr Prof. H. Thiemecke, Kirkel 3-Altstadt. Auch bei ihnen möchte ich mich ganz herzlich bedanken.

Meine Schwester, Frau Luise Eisenächer, hat mich in vielfältiger Weise unterstützt, ihre Anteilnahme bekundet und immer wieder Zeit geopfert. Dafür ebenfalls meinen besten Dank!

Last not least seien Herr Dechant Zülicke und Herr Pfarrer Weigel, die mir in großer Aufgeschlossenheit Bilder und Informationen aus den Pfarrarchiven von St. Marien und St. Petri überließen, erwähnt. Sie haben mir, indem sie mich zur Mitarbeit an Festschriften der genannten Pfarreien 1987 und 1990 heranzogen, Mut gemacht, diese etwas größere Veröffentlichung zu wagen.

Franz Kowolk

240

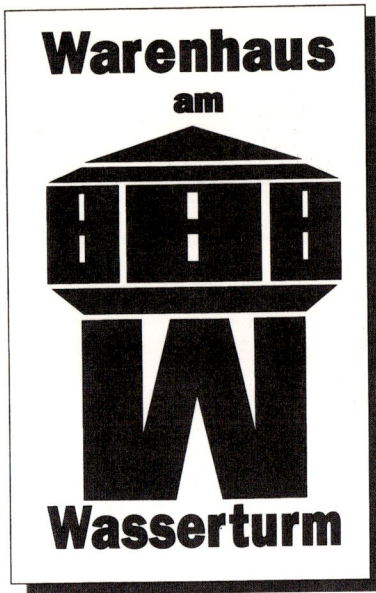

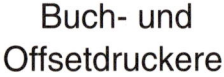

 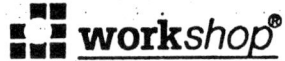

Unseburger Bauhof GmbH

Erdarbeiten

Beton- und Schalungsarbeiten

Maurerarbeiten

Putzarbeiten

Tischlerarbeiten (auch Einzel- und Sonderanfertigungen)

Fliesenleger

**Unseburger Bauhof
GmbH
Husemannstraße 10
O-3251 Unseburg
☎ 093683/223
Fax 268**

Hauptvertretung der

**Wolfgang Jagow
Frithjof Loskant**

D.A.S.- Versicherungen
VICTORIA Lebens- und Krankenversicherungen
VEREINSBANK VICTORIA
Bauspar AG

Hamsterstraße 20
O-3250 Staßfurt
Telefon (00936) 622176
Autotelefon: (0161) 1315039
Bürozeiten: Mo 8-12 Uhr
Di, Do, Fr 9-11 und 13-18 Uhr
Mi 17.00-19.30 Uhr

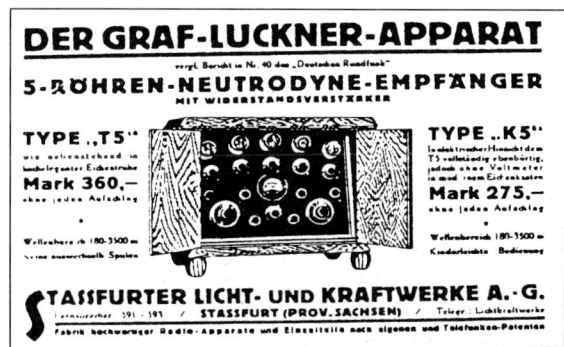

**Technologie
Made in Germany**

Seit über 70 Jahren werden in unserem Unternehmen
Empfangsgeräte der Unterhaltungselektronik gefertigt.

Einige Marksteine in unserer Firmengeschichte:
- 1928 erste Serienfertigung eines Rundfunkgerätes nach dem
  Superprinzip in Europa ("Mikrohet")
- 1969 erste Serienfertigung eines volltransistorisierten
  Farbfernsehgerätes in Deutschland ("Color 20")
- 1992 erste Serienfertigung eines Fernsehtischgerätes mit
  Einchip-Signalverarbeitung in Deutschland ("SIESTA nova 55-254")

Heute steht die Marke RFT vor allem für Qualität
in der Fernsehtechnik.

**Rundfunk-Fernseh-
Telekommunikation AG
Staßfurt**

O-3250 Staßfurt ☎ **660**

Die
"Achslagerwerk Staßfurt GmbH"
ist ein Unternehmen am
Südrand der Magdeburger
Börde im Bundesland Sachsen-
Anhalt, das seit über vier Jahr-
zehnten internationalen Ruf
genießt.

Achslagerwerk
Staßfurt GmbH

Es ist Hersteller von Rollenachs-
lagern (Gehäuse und Zubehör-
teile) für Schienenfahrzeuge in
Geschwindigkeitsbereichen bis
zu 250 km/h.

An der Liethe 5
O-3250 Staßfurt
Telefon: 00936 / 62 31 13
Telefax: 00936 / 62 30 73
Telex: 08 88 26

Die Produktpalette umfaßt
Rollenachslager für:
- Reisezugwagen
- Kühlfahrzeuge
- Triebfahrzeuge
- Doppelstockwagen
- Güter- und Spezialgüterwagen
- Nahverkehrsfahrzeuge

Als Tochter der "Deutschen Waggonbau
AG" ist das Unternehmen nicht nur
Zulieferbetrieb für die Waggonbaubetrie-
be, den Lokomotivbau und andere
Bedarfsträger in den neuen Bundeslän-
dern, sondern exportiert seine Produkte
überdies in vier Kontinente

Chemieanlagenbau Staßfurt AG

O-3250 Staßfurt
Telefon: 03925 / 430
Telefax: 03925 / 624132
   und   03925 / 623088
Telex: 088833

Die Chemieanlagenbau Staßfurt AG, 1863 gegründet, entstand mit der Entwicklung des Kali- und Steinsalzabbaus in Staßfurt.

Heute beraten wir Sie, projektieren und montieren für Sie und liefern Ihnen

- Anlagen und Ausrüstungen für die Soda- und Salzherstellung,

- Ausrüstungen und Anlagen der Fest/Flüssig-Trennung,

- Spezialapparat, wie Drehtrommeln, Eindicker, Behälter, Tanke, auch in Sondermaterialien, Erzeugnisse aus Grauguß

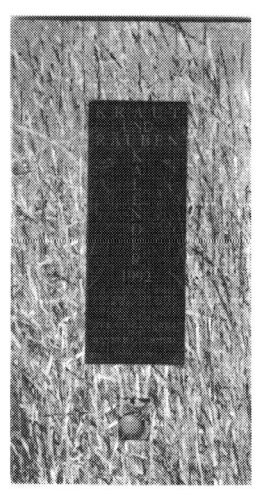

KRAUT UND RÄUBEN KALENDER
für Altmark, Börde und Harz,
die alten Lande Jerichow sowie an Ohre und
Aller und Anhalt

ISBN 3-928703 - 04 -8
Preis 12,40 DM
142 Seiten

KRAUT UND RÜBEN - so nannte ein Spötter den Zusammenschluß von Altmark, Herzogtum Magdeburg und Fürstentum Halberstadt mit sächsischen Landesteilen im April 1816 zur Provinz Sachsen, der 1945 noch der Freistaat Anhalt hinzugefügt wurde.

KRAUT UND RÄUBEN (denn eine Prise Niederdeutsches gehört zur Würze) nennen wir deshalb den Heimatkalender für das neuentstandene Sachsen-Anhalt - ein vergnügliches Allerlei aus regionaler Geschichte und Volkskunde, Literatur und Kunst, Folklore und Humor, der bereits im ersten Jahr seines Erscheinens (1. Ausgabe 1992) zahlreiche Liebhaber und Freunde gefunden hat. Zusammengestellt und herausgegeben wurde er von **Hanns H. F. Schmidt**. Der Kalender erscheint jährlich im September.

Bücher aus dem dr. ziethen verlag

Wir sind für Sie die richtige Adresse

Kreissparkasse Staßfurt

**Im Landkreis sind wir
mit 20 Geschäftsstellen vertreten**

Reichsadler-
humpen
der
St. Laurentius-
bruderschaft
von 1654

Bilder
auf dem
Umschlag

Blick vom
Neumarkt,
Photographie
von K. Marzahn
um 1990

Abend-
stimmung
an einer
Schachtanlage

Postamt,
um 1990

Glasfenster
mit dem
Stadtwappen

Das südöstliche
Rondell mit
einem Turm
und dem Rest
der Stadtmauer
aus dem 15.
Jhdt.

Wappen
der Grafen
Hacke,
seit 1740

Initiale aus der
Stiftungsurkunde
der Corporis-
Christi-
Bruderschaft

Der Staßfurter
Passions-
altar